국어사전 혼내는 책

국어사전

우리말의 집을 튼튼하게 짓기 위하여

혼내

─는

박일환 지음

책

머리말

국어사전 애용자가 드리는 글

　2015년에 '국립국어원의 표준국어대사전 비판'이라는 부제를 단 『미친 국어사전』이라는 책을 냈다. 제목이 너무 자극적이지 않나 생각했지만 출판사에서도 표준국어대사전의 문제점이 심각한 만큼 에두르지 말고 그대로 가자고 했다. 책을 낸 뒤에도 그 부분이 마음에 걸렸으나 이번 작업을 하면서 크게 잘못된 표현은 아니었다는 생각을 갖게 됐다.

　글 쓰는 일을 업으로 삼고 있는 탓에 책을 낸 뒤에도

국어사전을 찾아봐야 할 일이 많았다. 그럴 때마다 깊은 한숨을 내쉬어야 했다. 책 한 권 분량으로 표준국어대사전의 문제점과 오류를 짚어서 정리했음에도, 바닥을 드러낼 줄 모르고 끝없이 뻗어 나간 광맥 줄기처럼 무수한 엉터리들이 눈과 마음을 어지럽혔기 때문이다. 내 성정이 못돼서 잘못된 걸 보면 그냥 지나치지 못하나 싶기도 했지만 눈에 띄는 걸 모른 척하기도 그랬다. 국어사전을 들여다보며 혼자 투덜대다 어느 날 심심풀이 삼아 페이스북에 '국어사전 혼내기'라는 제목으로 글을 올리기 시작했다. 『미친 국어사전』에는 싣지 않은 내용이었다. 약 4개월 동안 거의 매일 한 편씩 올리다 보니 연재가 100회를 넘겼다. 그걸 다시 추리고 정리해서 묶은 게 이 책이다.

국권 상실의 시기에 처음 국어사전이란 걸 만들기 시작한 이래로 많은 이들이 제대로 된 국어사전을 만들기 위해 애쓴 공을 깎아내릴 생각은 없다. 오히려 그런 분들의 노고에 진심으로 감사하며 존경하는 마음을 갖고 있다. 특히 초기에 국어사전을 만들기 위해 노력했던 이들에게는 어떤 표현을 써도 부족할 만큼 고개 숙여 고마움을 표해야 한다고 믿는다. 시작이란 언제나 허술하고도 서툴고, 그래서 의도치 않은 실수가 있기 마련이다. 하지만 시간이 지남에 따라 드러나는 문제들을 제대로 손보지 않고 답습한다면 그건 직무유기라 해도 할 말이 없다.

국어사전은 그냥 낱말만 긁어다 모아 놓은 창고가 되어서는 안 된다. 표제어의 수보다 더 중요한 건 모셔 온 낱말들에 바르고 정확하며 아름다운 옷을 입혀 주는 일이다. 그런 점에서 나는 우리 국어사전들의 머리를 쓰다듬어 줄 만한 아량을 갖고 있지 못하다. 물론 국어사전 편찬자들이 마냥 놀고만 있는 게 아님은 알고 있다. 고려대 한국어대사전은 얼마 전에 큰 폭으로 수정·보완 작업을 해서 이전보다 많이 나아졌다. 그럼에도 아직 갈 길이 멀어 보인다. 국립국어원에서는 표준국어대사전을 보완할 목적으로 '함께 만들고 모두 누리는 우리말 사전'이라는 취지를 담은 '우리말샘' 사이트를 운영하고 있다. 하지만 우리말샘을 정식 국어사전이라고 보기에는 무리가 있다. 아직 '시범 운영 중'이기도 하거니와, 검증되지 않은 낱말과 부족하거나 잘못된 풀이가 너무 많기 때문이다. 가령 우리말샘에 다음과 같은 낱말이 무수히 올라 있는 걸 어떻게 보아야 할까?

극세사(極細絲) **몸매** 몹시 말라서 가녀린 몸매를 비유적으로 이르는 말.

명품(名品) **몸매** 사람의 시선을 사로잡을 만큼 매우 아름답고 뛰어난 몸매.

마네킹(mannequin) **몸매** 마네킹과 같은 날씬한 몸매를 비유적으로 이르는 말.

분위기남(雰圍氣男) 분위기가 있는 남자.

가니시(garnish) 주된 요리의 모양과 빛깔을 돋보이게 하고 맛을 더하기 위하여 장식으로 곁들이는 요리. ⇒규범 표기는 미확정이다.

가니튀르(garniture) 의복에 구색을 맞춘 장식품. ⇒규범 표기는 미확정이다.

감기로^인한^발작적인^헤모글로빈뇨증(感氣로因한 發作的인hemoglobin尿症) 『의학』적혈구 막의 결함에 의해 적혈구가 혈관 내에서 파괴되어 용혈이 일어나고, 소변에 헤모글로빈이 그대로 배설되는 증상. ⇒규범 표기는 '감기로 인한 발작적인 헤모글로빈요증'이다.

이런 낱말들을 보고 있자면 표준국어대사전의 문제점이 더 심화되고 있다는 느낌마저 든다. 새로운 낱말을 모으는 일도 중요하지만, 그보다는 표준국어대사전의 오류를 바로잡는 일이 급선무가 아닐까 싶다. 표준국어대사전에서 뜻을 잘못 풀이한 내용이 바로잡히지 않은 채 우리말샘에도 그대로 실려 있기 때문이다. 부디 국립국어원이 낱말 수 늘리기에 대한 강박증에서 벗어나면 좋겠다. 아울러 표준국어대사전을 완전히 갈아엎고 처음부터 다시 만드는 일에 나서 주기를 바란다.

한 권의 책으로 묶느라 모아 놓은 자료에서 많은 부분을 덜어 냈다. 같은 내용으로 책을 쓰라면 앞으로 두 권 세 권 얼마든지 더 쓸 수 있을 것 같다. 그만큼 우리 국어사전들은 심각한 문제를 안고 있다. 이 책이 더 나은 국어사전이 나오도록 하는 데 작은 도움이라도 될 수 있을까? 『미친국어사전』을 낼 때도 그런 바람을 적었는데, 같은 말을 또 적자니 마음이 심란하다. 나의 비판이 국어사전 애용자의 한탄이나 넋두리로 머물지 않기만을 바랄 뿐이다.

국어사전이 여러 곳에서 나왔지만 이 책에서는 표준

국어대사전과 고려대 한국어대사전만 대상으로 삼았다. 모든 국어사전을 살펴볼 여유까지는 없었던 데다 두 사전의 표제어와 풀이를 다음과 네이버에서 제공하고 있어 쉽게 찾아볼 수 있었기 때문이다. 아울러 이 책에 실린 낱말과 풀이는 2018년 11월 25일을 기준으로 국어사전에 올라 있는 것임을 밝혀 둔다.

페이스북에 연재하는 동안 번역자 신견식 님, 한문학을 전공한 서성 님을 비롯해 몇몇 분이 자료를 찾아 가며 도움말을 주셨고, 염무웅 선생님과 강석하 님을 비롯해 많은 분이 댓글로 응원과 격려를 보내 주셨다. 책이 나올 수 있도록 애써 준 모든 분께 고마운 마음을 전한다.

2018년 겨울 초입에 박일환 씀

1.　부실시공의 대명사, 국어사전

　　국어사전에서 가장 중요한 건 무얼까? 어떤 낱말을 표제어로 삼을지도 중요하지만, 무엇보다 낱말의 뜻을 쉬운 말로 자세히 그리고 정확하게 풀이하는 게 으뜸가는 덕목이어야 한다. 하지만 그런 기대는 일찌감치 접는 게 좋다. 특히 표준국어대사전은 그런 면에서 매우 부실하고 취약하다. 국어사전의 역할을 포기한 게 아닐까 싶을 정도다. 실례를 들어 보이는 게 가장 빠른 길일 테니 표준국어대사전에 나온 '뜻풀이' 항목부터 살펴보자.

　　뜻풀이 『언어』글의 뜻을 풀이함. ≒의석(義釋)

　　이게 과연 '뜻풀이'라는 낱말의 뜻을 제대로 풀이한 걸까? '글'이라는 말은 지칭하는 범위가 매우 넓은 데다 '풀이'라는 말에 대한 설명도 전혀 없다. 어떻게 하는 게 '풀이'인지 밝혀 주어야 한다. 고려대 한국어대사전에서는 같은 낱말을 다음과 같이 풀었다.

> **뜻풀이** 『언어』 글이나 단어의 의미를 알기 쉬운 말로 밝혀 말함.

약간의 아쉬움은 있지만 그래도 이 정도는 되어야 국어사전의 풀이라고 하겠다. 내가 풀이를 한다면 '글이나 낱말이 담고 있는 뜻을 알기 쉬운 말로 밝혀 나타냄' 정도로 하겠다.

국어사전의 뜻풀이가 얼마나 이상한지 몇 가지 예를 들어 보자. 우선 표준국어대사전에 나온 낱말과 풀이다.

> **흰색**(─色) 눈이나 우유의 빛깔과 같이 밝고 선명한 색.
> **흰빛** 눈이나 우유의 빛깔과 같이 밝고 선명한 빛.
> **하얀색**(──色) 깨끗한 눈이나 밀가루와 같이 밝고 선명한 흰색.
> **하얀빛** 깨끗한 눈이나 밀가루와 같이 밝고 선명한 흰빛.

다음은 고려대 한국어대사전에서 똑같은 낱말과 풀이를 찾아보았다.

흰색(－色) 눈이나 우유처럼 순수하고 선명한 색깔.

흰빛 눈과 같이 밝고 선명한 빛깔.

하얀색(－－色) 눈과 같이 매우 흰 빛깔.

하얀빛 깨끗한 눈이나 밀가루와 같이 밝고 선명한 흰빛.

흰색, 흰빛, 하얀색, 하얀빛은 모두 같은 색깔일까, 아니면 다른 색깔일까? 각 낱말의 풀이를 보면 조금씩 차이가 있다. '색'과 '빛'은 서로 다를 수 있다 해도 흰색과 하얀색은 왜 다른지 이해할 수 없다. 더구나 색깔의 예를 들기 위해 우유와 밀가루를 끌어온 건 색깔 고유의 특성과도 맞지 않는다. 우유와 밀가루의 색이 정말로 밝고 선명할까? 오히려 불투명하고 탁한 색깔이라고 해야 맞지 않을까? 두 사전이 같은 예를 들고 있는 상황을 보며, 국어사전 편찬자들의 안일함을 생각하지 않을 수 없었다. 더구나 하얀색을 풀이하며 흰색이라 하고, 하얀빛을 풀이하며 흰빛이라고 하는 건 대체 무슨 까닭인지 모르겠다. 더 심한 건 고려대 한국어대사전에 나오는 다음 낱말이다.

분백색(粉白色) 분처럼 하얀 흰색.

'하얀 흰색'이라는 표현이 어떻게 가능할까? 그냥 '분처럼 하얀색'이라고 하면 될 일이다.

이런 낱말의 풀이에서 우유를 끌어들였으니 '우윳빛'은 어떻게 풀이했는지 살펴보자. 순서대로 표준국어대사전과 고려대 한국어대사전의 풀이다.

우윳빛(牛乳ー) 노란빛을 띤 하얀빛.
우윳빛(牛乳ー) 우유의 빛과 같은, 불투명한 흰 빛깔.

표준국어대사전에서 우윳빛이 노란빛을 띤다고 했는데, 역시 수긍하기 어려운 풀이다. 고려대 한국어대사전에서는 불투명하다고 했으니, 흰빛을 풀이하며 선명하다고 한 것과 배치된다.

몇 개의 낱말을 예로 들었는데, 그렇다면 '예'例라는 낱말은 또 어떻게 풀이했을까?

(앞으로 다른 설명이 없으면 첫 번째가 표준국어대사전, 두 번째가 고려대 한국어대사전의 풀이다.)

예(例) 1. 본보기가 될 만한 사물. '보기'로 순화.

2. ('예의' 꼴로 쓰여) 이미 잘 알고 있는 바를 가리킬 때 쓰는 말.

3. 관례나 의례를 통틀어 이르는 말.

예(例) 1. (기본의미) 무엇을 설명하거나 증명하는 데에 본보기가 될 만한 사물. 늑보기

2. ('예의'의 꼴로 쓰여) 이미 잘 알고 있는 바로 그.

3. 이전의 사례(事例).

1번 풀이를 보면 똑같이 '사물'이라고 했다. 그런데 꼭 사물만을 예로 들까? 이 글에서 나오는 것처럼 낱말일 수도 있고, 어떤 일이 벌어진 상황일 수도 있으므로 그 대상을 '사물'에 한정하는 건 잘못된 풀이다. 혹시 2번과 3번 풀이가 '상황'을 뜻하는 게 아니냐고 할 수 있겠는데, 두 사전에서 2번과 3번 풀이의 예문으로 제시하는 건 '그 사람 역시 예의 그 문제로 고민 중이에요', '지금까지 그런 예가 없었어요' 같은 문장이다. 그리고 1번 풀이의 예문으로는 각각 '전형적인 예'와 '그는 학생들이 이해하기 쉽도록 구체적인 예를 들어 설명하였다'를 들고 있다. 이 예문들이 지

시하는 '예'가 과연 사물에 해당할까, 상황에 해당할까? 독자 여러분의 판단에 맡긴다.

이와 같은 사례는 국어사전을 조금만 살펴보면 수없이 발견할 수 있다.

민물 강이나 호수 따위와 같이 염분이 없는 물.

민물 강이나 호수의 물처럼 소금기가 없는 물.

강과 호수가 그 자체로 물을 뜻하지는 않는다. 따라서 표준국어대사전의 풀이는 잘못됐다. 아울러 표준국어대사전은 풀이에서 한자어를 너무 많이 사용한다는 점도 지적하고 싶다. 고려대 한국어대사전의 풀이에서도 아쉬운 점이 있는데, 호수 중에는 소금기가 많은 염호鹽湖도 있으므로 그냥 강만으로 풀이해도 충분했다.

뱃속 '마음'을 속되게 이르는 말.

[예문] 뱃속이 편안하지 않다.

뱃속 1. (기본의미) 사람이나 짐승의 배의 속.

2. '속마음'이나 '마음'을 속되게 이르는 말.

'뱃속'이 마음만 가리킬까? 그러면서 예문으로 '뱃속이 편안하지 않다'를 제시했는데, 이 말을 과연 마음이 편안하지 않다고 받아들일 사람이 얼마나 될까? 고려대 한국어대사전의 풀이에 나오는 1번의 기본의미를 담아내고 예문도 그쪽으로 배치했어야 한다.

잘살다 부유하게 살다.
잘살다 1. 재물을 넉넉하게 가지고 살다.
2. 탈 없이 지내거나 화목하게 살다.

부유하게 살면 전부 잘사는 걸까? 역시 고려대 한국어대사전의 2번 풀이를 함께 실었어야 한다.

복지(福祉) 행복한 삶.
복지(福祉) 좋은 건강, 윤택한 생활, 안락한 환경들이 어우러져 행복을 누릴 수 있는 상태.

정장(正裝) 정식의 복장을 함. 또는 그 복장.
정장(正裝) 1. 남자들이 흔히 입는 양복이나 점잖게 입은 여성의 옷.

2. (기본의미) 옷차림을 일정하게 정해진 격식에 따라 함. 또는 그 옷차림.

이 낱말들 역시 표준국어대사전의 풀이가 너무 빈약하다.

꽃길 꽃이 피어 있거나 꽃으로 장식된 길.

이 낱말의 풀이는 두 사전이 대동소이하다. 앞으로 꽃길만 가기를 바란다는 식의 덕담을 많이 주고받는데, 이 경우 꽃길은 정말로 꽃이 피어 있는 길이 아니라 아름답거나 행복한 삶이 펼쳐지는 길이라는 뜻이다. 이런 뜻을 추가해 주어야 한다.

말갈기 말의 목덜미에서 등까지 나는 긴 털.

이 낱말도 두 사전의 풀이가 같다. 그런데 말갈기가 정말 등까지 이어져 있을까? 말 사진을 다 뒤져 봐도 그런 갈기를 지닌 말은 안 보인다. 끽해야 등이 시작되는 곳까지나 있을 뿐이다. 다음처럼 '갈기' 항목에는 목덜미라고만 해 놓았다.

갈기 말, 사자 따위 짐승의 목덜미에 난 긴 털.

앞에서 '끽해야'라는 표현을 썼는데, 표준국어대사전에서는 '끽하다'를 이렇게 풀었다.

끽하다 (흔히 '끽해야' 꼴로 쓰여) 할 수 있을 만큼 한껏 하다.
[예문] 그놈이 아무리 결심이 굳어도 끽해야 일주일도 못 갈 거다.

이번에는 표준국어대사전이 뜻을 제대로 풀었다. 고려대 한국어대사전에는 어떻게 되어 있을까?

끽하다 (흔히 '끽해야'의 꼴로 쓰여) (사람이나 짐승이) 힘을 다하여 한껏 외마디소리를 지르다.
[예문] 병아리가 끽하며 쓰러졌다.

괄호 안에 '끽해야'의 꼴로 쓰인다고 해 놓고 '끽하며'

가 들어간 예문을 실어 놓았다. 그리고 풀이에는 '소리 지르다'라는 뜻만 있고, 표준국어대사전에 나오는 뜻은 없다. 왜 그런가 했더니 다음과 같이 '끽해야'를 별도의 부사로 표제어에 올렸다. 표준국어대사전에는 '끽해야'가 없다.

끽해야 「부사」 있는 힘껏 한다고 하여도 고작해야.
[예문] 그의 용돈은 끽해야 하루에 오천 원 정도였다.

표준국어대사전에서는 '할 수 있는 만큼 한껏'이라고 했는데, 고려대 한국어대사전에는 '고작해야'라는 말이 더 들어가 있다. 이 부분만큼은 고려대 한국어대사전의 풀이가 타당하다고 생각한다. '끽해야'를 별도의 부사로 인정하느냐 마느냐는 사전 편찬자의 입장에 달린 문제이겠지만, 그보다는 고려대 한국어대사전에 있는 다음 낱말이 더 문제다.

끽소리 (부정어와 함께 쓰여) 조금이라도 말을 하거나 반항하는 소리. 또는 그런 태도.
[예문] 너는 여기서 끽소리도 하지 말고 조용히 있어라.

끽1 몹시 놀라거나 충격을 받아 갑자기 힘을 다하여 날카롭게 지르는 외마디소리를 나타내는 말.

[예문] 준기는 끽 소리도 내지 않고 방에 숨어 있었다.

끽2 기껏 헤아려 보아야. '고작'을 속되게 이르는 말.

[예문] 딴은 일 년 고생하고 끽 콩 몇 섬 얻어먹느니보다는 금을 캐는 것이 슬기로운 짓이다.

표준국어대사전도 '끽'을 이처럼 두 개의 동음이의어로 처리했다. 다만 '끽1'에 해당하는 낱말에는 예문을 싣지 않았다. 이해하기 어려운 건 표제어 '끽소리'에 달린 예문의 '끽소리'와 '끽1'에 달린 예문의 '끽 소리'가 어떤 차이가 있느냐는 것이다. '끽1'의 예문에서 '끽 소리'는 문맥상 '날카롭게 지르는 외마디소리'가 아니라 소리조차 내지 못하고 있음을 나타내기 위해 끌어들인 표현으로 보인다. 그러므로 둘은 아무리 봐도 같은 뜻인데, 하나는 붙여 썼고 다른 하나는 띄어 썼다. 이해할 수 없는 일이다.

덧붙일 건, '끽2'에 달린 예문의 출처를 밝히지 않았다는 사실이다. 사전 편찬자가 만든 문장이 아니라면 반드시 출처를 밝혀야 한다. 이 예문은 김유정의 단편 「금 따는 콩밭」에서 가져온 문장이다.

끝으로 표준국어대사전에만 나오는 낱말 두 개를 소개한다.

제주꿩(濟州—) =꿩.

'제주꿩'이라면 제주에 서식하거나 살았던 꿩일 텐데, 그게 꿩 일반을 지칭하는 말과 동의어로 쓰일 수 있을까? 내 능력으로는 제주도에 사는 꿩이 모든 꿩을 대표하는 이름으로 쓰일 만한 근거를 찾을 수 없다.

꿩도 여러 종류가 있다. 아시아에 서식하는 꿩은 대체로 북방, 즉 만주 지역을 중심으로 서식하는 북꿩, 우리나라를 중심으로 서식하는 한국꿩, 일본에 서식하는 일본꿩으로 나뉜다. 북꿩은 만주꿩이라고도 하며, 한국꿩은 고려꿩이라고도 한다. 이 중에 북꿩과 만주꿩은 표준국어대사전과 고려대 한국어대사전 양쪽에 실려 있다. 제주꿩은 표준국어대사전에만 실려 있는데, 제주꿩의 실체가 어디서 왔는지 참 모를 일이다. 한국꿩과 고려꿩은 어디서도 찾을 수 없는데, 차라리 이 낱말을 올렸어야 한다. 참고로 동물원에 가면 꿩 울타리 앞에 '한국꿩'이라는 명칭을 사용한 설명판을 볼 수 있다.

옥수수나무 =옥수수.

    대나무는 식물 분류상 나무가 아니지만 나무라고 부른다. 오랜 세월 동안 그렇게 불러 왔기에 지금 와서 '대나무'라는 말을 버리라고 할 수는 없다. 하지만 '옥수수나무'라는 말은 '대나무'만큼 일반화된 표현이라고 보기 어렵다. 옥수수는 분명 풀의 종류이니만큼 설령 싣는다 해도 '옥수수를 나무로 잘못 알고 부르는 말' 정도로 풀이해 주어야 한다. 그런데 무턱대고 옥수수와 같은 말이라고 하면 참 난감한 일이다.

    대나무 『식물』'대'를 목본(木本)으로 보고 이르는 말.
≒녹경(綠卿)

    대나무는 제대로 풀이해 놓았다. 다만 '목본'이라는 한자어를 사용한 부분이 거슬린다.
    앞으로 훨씬 많은 사례를 제시할 텐데, 국어사전은 부실시공으로 쌓아 올린 허술한 가건물이라 해도 억울하다는 말을 하기 힘든 처지다.

2. 생각과 고민이 없는 풀이

다음 낱말들의 풀이는 언뜻 보면 아무 문제가 없어 보이지만, 조금만 예민한 촉수를 들이밀면 문제점이 금방 드러난다.

노비(奴婢) 사내종과 계집종을 아울러 이르는 말.
관비(官婢) 예전에, 관가에 속하여 있던 계집종.
소비(小婢) 나이 어린 계집종. 계집종이 상전을 상대하여 자기를 낮추어 이르던 일인칭 대명사.

표준국어대사전과 고려대 한국어대사전 풀이가 똑같다. 조선 시대에는 신분 차별이 있었고, 따라서 종의 신분인 이들을 낮추어 보는 것이 당연했다. 하지만 지금도 그런 인식을 갖고 있다면 시대착오라 하겠다. 풀이에 나오는 '사내종'과 '계집종'이라는 말은 조선 시대의 인식을 그대로 가져다 쓴 표현이므로 '남자 종'과 '여자 종'으로 바꿔서 풀어 주는 게 마땅하다.

> **윤락**(淪落) 1. 세력이나 살림이 보잘것없어져 다른 고장으로 떠돌아다님.
> 2. 여자가 타락하여 몸을 파는 처지에 빠짐.

역시 표준국어대사전과 고려대 한국어대사전의 풀이가 대동소이하다. 2번 풀이가 우리가 흔히 사용하는 용례에 해당할 텐데, 굳이 '타락하여'라는 표현을 넣어야 했을까? 타락의 기준을 잡는 것도 어렵거니와, 풀이를 하면서 사전 편찬자의 가치 판단을 담는 건 위험한 일이다.

> **윤락녀**(淪落女) 윤락 행위를 하는 여자.
> **윤락녀**(淪落女) 돈을 받고 성행위를 하는 여자.

표준국어대사전의 풀이는 여전히 불친절하다. 고려대 한국어대사전의 풀이에서는 그나마 '타락'이라는 말은 안 썼고, 풀이도 친절하게 해 놓았다.

최근 예멘 난민 문제로 근거 없는 루머와 혐오 발언이 넘치고 있다. 그래서 국어사전에서는 난민을 어떻게 대우하고 있는지 알아보았다. 표준국어대사전에 나오는 풀이다.

난민(難民) 1. 전쟁이나 재난 따위를 당하여 곤경에 빠진 백성.
2. 가난하여 생활이 어려운 사람.

　　1번 풀이에 '백성'이라는 말이 나온다. 조선 시대 사전도 아닌데 백성이라니? 그리고 곤경에 빠졌다는 말만으로는 충분하지 않다. 고려대 한국어대사전에서는 이렇게 풀었다.

난민(難民) 1. 전쟁이나 이념 갈등으로 인해 발생한 재화를 피하기 위하여 다른 나라나 다른 지방으로 가는 사람.
2. 화재나 지진, 홍수, 태풍 따위의 뜻밖의 불행한 일을 당하여 어려운 형편이나 처지에 놓인 사람.
3. 가난하여 살아가기가 매우 어려운 사람.

'다른 나라나 다른 지방으로 가는 사람'이라는 내용이
표준국어대사전에는 왜 없을까?

이번에는 '차등'과 '차별'이라는 말을 보자. 표준국어
대사전의 풀이다.

차등(差等) 고르거나 가지런하지 않고 차별이 있음.
또는 그렇게 대함.
차별(差別) 둘 이상의 대상을 각각 등급이나 수준
따위의 차이를 두어서 구별함.

이번에는 고려대 한국어대사전의 풀이다.

차등(差等) 고르거나 가지런하지 않고 차별이 있음.
차별(差別) 둘 또는 여럿 사이에 차등을 두어 구별함.

두 사전의 풀이에 별 차이가 없으며, '차등'과 '차별'을
거의 같은 뜻으로 풀고 있다. 차등은 차별로, 차별은 다시
구별로 설명하는데, 이게 정말 맞는 풀이일까? 국어사전
이 차등과 차별도 구분하지 못할 정도로 심각한 상태임을

36

알 수 있다.

뜻풀이를 어떻게 해야 하는지 보여 주는 모범 답안이 있다. 보리출판사에서 출간한 『보리국어사전』의 뜻풀이다.

차별(差別) 다르다고 해서 얕보거나 대접을 소홀하게 하는 것.
차등(差等) 여럿 사이에 높낮이가 많고 적은 구별이 있는 것.

차별의 뜻이 정확하게 나와 있다. 앞의 두 사전은 왜 이렇게 풀지 못했을까? 참고로 표준국어대사전에는 '무슬림'이라는 낱말이 없다. 예멘 난민을 포용하지 못하는 현실을 생각하다 국어사전을 보니 서글픔이 밀려온다.

표준국어대사전의 낱말 풀이를 보면 별다른 고민 없이 생각나는 대로 서술한 느낌을 주는 경우가 많다. 섬세함이 부족하다 보니 허전하고 미진하다는 생각을 하지 않을 수 없다.

인간미(人間味) 인간다운 따뜻한 맛.

공감대(共感帶) 서로 공감하는 부분.

'인간미' 풀이에서 '미'味를 글자 그대로 '맛'으로 풀이
한 걸 보는 순간 한숨이 절로 나왔다. '공감대'의 풀이 역시
하나 마나 한 풀이다. 같은 낱말을 고려대 한국어대사전은
이렇게 풀이했다.

인간미(人間味) 어떤 사람에게서 느껴지는 친밀하고
정다운 인정의 느낌
공감대(共感帶) 다른 사람과 의견, 감정, 생각, 처지
따위에 대하여 서로 같다고 느끼는 부분.

딱 봐도 고려대 한국어대사전의 풀이가 제대로라는
걸 알 수 있다. 다만 '인간미' 풀이에서 '인정의'를 빼는 게
간결하고 자연스럽다.

다른 사례를 보자. 표준국어대사전에 실린 낱말이다.

섬유(纖維) 『생물』 동물 털의 케라틴으로 이루어진
단백질 실.

섬유에는 동물성섬유뿐만 아니라 식물성섬유, 화학섬유, 광섬유 등도 있는데 왜 저리 좁은 의미로, 그것도 참 엉성하게 풀이를 해 놓았을까? 분류 항목이 '생물'인 것도 이상하고, 굳이 케라틴처럼 어려운 외국 말을 끌어들여야 했는지도 의문이다. 아무튼 케라틴은 이런 뜻이다.

케라틴(keratin) 『화학』 동물체의 표피, 모발, 손톱, 발톱, 뿔, 발굽, 깃털 따위의 주성분인 경질(硬質) 단백질을 통틀어 이르는 말. 물에 잘 녹지 않으며, 화학 시약에도 저항력이 크다.

이건 또 분류 항목이 '화학'으로 되어 있는데 이 정도는 애교로 넘어가기로 하고, 다음과 같이 섬유가 들어간 낱말 몇 개만 살펴봐도 이 풀이가 엉망이라는 걸 알 수 있다.

면섬유(綿纖維) 『수공』 목화에서 뽑은 섬유. 가늘고 유연하며 습기를 잘 흡수한다.

경질^섬유(硬質纖維) 『수공』 거칠고 질기며 올이 굵은 삼 종류의 섬유.

목섬유(木纖維) 1. 나무에 들어 있는 섬유질.

2. 나무를 원료로 하여 얻어 낸 섬유.

전부 식물성섬유를 가리키는 말이다. 이번에는 고려대 한국어대사전의 '섬유' 항목을 보자.

섬유(纖維) 1. (기본의미) 실을 잣는 재료가 되는 가는 털 모양의 물질.
2. 생물체의 조직을 이루는 실 모양의 물질. 석면과 같은 광물에서도 볼 수 있다.

여기는 제대로 풀이했다. 다음과 같은 낱말에도 섬유라는 말을 사용하니, 이런 것을 포함하는 내용으로 풀이를 해야 한다.

신경^섬유(神經纖維) 『의학』 신경 세포에서 뻗은 가는 돌기. 주로 신경 돌기를 가리킨다.

표준국어대사전에 나오는 낱말 몇 개를 더 보자.

도장공(塗裝工) 『건설』 '칠장이'를 전문적으로 이르는 말.

칠장이(漆ーー) 칠하는 일을 업으로 삼는 사람.

=칠공(漆工)

칠공예(漆工藝) 『수공』옻칠을 써서 하는 공예.

도장공과 칠장이는 정말 같은 일을 하는 사람을 뜻할
까? '칠장이' 항목에 다음과 같은 예문을 실었다.

양씨 부인은 나주의 유명한 칠장이를 불러서

바가지마다 함빡 칠을 입혔다.(박종화,『임진왜란』)

예문과 '칠공예'라는 말에서도 볼 수 있는 것처럼 예전
에 칠장이는 주로 옻칠을 하는 사람을 일렀다. 도장공은 주
로 건물 외벽에 페인트 등을 칠하는 기능공을 말하며, 칠장
이와는 다른 기능을 가진 사람이다. 국가에서 시행하는 전
문 자격시험에도 도장공과 칠공 분야가 따로 있다.

'도장공'은 고려대 한국어대사전처럼 풀어야 한다.

도장공(塗裝工) 도장 기기와 설비를 사용하여 건물의

내외부나 장식물 등에 도료(塗料)를 바르는 일을

직업으로 하는 사람.

풀이가 이상한 낱말을 몇 개 더 살펴보자.

무운천(無雲天) 『불교』 색계(色界) 사선천(四禪天)의
첫째 하늘. 구름이 없는, 구름 위에 있어 구름이 없다고
한다.
무운천(無雲天) 『불교』 색계(色界) 사선천(四禪天)의
첫째 하늘. 구름 위에 있어 구름이 없는 곳이라고 한다.

표준국어대사전의 풀이를 보면 두 번째 문장에 '구름
이 없는'이라는 말이 쓸데없이 들어가 이상한 문장이 되고
말았다.

어창(魚窓) 『수산』 잡은 물고기를 보관하여 두는
어선(漁船)의 문.

표준국어대사전에만 나오는 말인데, 풀이에 나오는
'어선의 문'이 이상하다. 물고기를 잡으면 배 안에 있는 창
고에 넣어 두는 게 상식이다. '잡은 물고기를 넣어 두기 위

해 배 안에 만든 창고의 문' 정도로 풀었어야 한다.

탄생(誕生) 1. 사람이 태어남. 예전에는 성인(聖人) 또는 귀인이 태어남을 높여 이르는 말이었으나, 현재는 주로 이와 같이 쓰고 있다.

2. 조직, 제도, 사업체 따위가 새로 생김. ≒생탄(生誕)

탄생(誕生) 1. (기본의미) 귀한 사람이나 높은 사람의 태어남을 높여 이르는 말.

2. 조직이나 제도, 사업체 등이 생겨남.

고려대 한국어대사전에서는 '귀한 사람이나 높은 사람의 태어남'만을 뜻한다고 했는데, 표준국어대사전처럼 이후 쓰임새가 바뀌었음을 알려 주어야 한다.

고려대 한국어대사전이 잘못 풀이한 낱말을 더 보자.

서자(庶子) 본부인이 아닌 첩이나 다른 여자에게서 난 아들.

얼자(孽子) 본처가 아닌 첩이나 다른 여자에게서 난 아들.

'서자'와 '얼자'를 같은 뜻으로 풀었는데, 표준국어대사전에는 이렇게 되어 있다.

서자(庶子) 양반과 양민 여성 사이에서 낳은 아들.
얼자(孼子) 양반과 천민 여성 사이에서 낳은 아들.

서자와 얼자를 묶어서 '서얼'이라고도 하는데, 그래서 고려대 한국어대사전이 둘을 구분하지 못한 듯하다. 표준국어대사전의 풀이가 정확하다.

정신대(挺身隊) 태평양 전쟁 때 일제가 식민지 여성들을 강제로 동원하여 만든 무리.
정신대(挺身隊) 태평양 전쟁 때 일제가 전쟁 수행을 위하여 한국 여성 등을 강제 동원한 종군 위안부와 근로정신대를 통틀어 이르는 말.

'정신대'의 풀이 역시 표준국어대사전이 제대로다. 고려대 한국어대사전에서 종군 위안부와 근로정신대를 묶어서 풀이한 것은 잘못이며, 위안부와 정신대는 성격이 다르다.

시화전(詩畫展) 시와 그림을 전시하는 전람회.

시화전(詩畫展) 시와 그림이 어우러져 전시된 전람회.

이번에는 표준국어대사전의 풀이가 엉성하다. 시화전은 보통 시와 함께 시의 분위기에 맞는 그림을 그려서 전시하는 것을 말한다. 고려대 한국어대사전의 풀이가 조금 낫기는 하지만 명료하지는 않으며, '전시된'과 같은 피동형을 쓴 게 걸린다. 덧붙여 시와 글씨와 그림을 아울러 뜻하는 말인 '시서화'詩書畫가 고려대 한국어대사전에만 있고 표준국어대사전에는 없다.

위궤양암(胃潰瘍癌) 『의학』 위궤양의 주변에 재생되는 상피 세포가 암화(癌化)하여 일어나는 위암.

표준국어대사전의 풀이다. 위궤양은 특정 부위를 말하는 게 아니라 위 점막에 궤양이 생기는 병을 뜻하므로, '위궤양의 주변'이라는 말 자체가 성립이 안 된다. 고려대 한국어대사전에는 위궤양암 대신 '궤양암'이라는 낱말이 실려 있다.

궤양암(潰瘍癌)『의학』위점막(胃粘膜)에 있는 선(腺)
조직이 비정상적으로 증식을 반복하여 생기는 암.
위궤양이 변해서 나타나기 쉽다.

3. 정체가 수상한 낱말

국어사전을 찾다 보면 참 이상하다 싶은 말이 많다. 표준국어대사전과 고려대 한국어대사전에 함께 실려 있는 낱말이다.

얼음엿 달걀, 우유, 설탕, 옥수숫가루 따위에 향료를 섞어서 얼려 만든 엿.

얼음과 엿이 어울릴 수 있을까? 이 말은 우리말 연구가 조재수가 조사한 바에 따르면(『교수신문』, 2012년 5월 7일) 한글학회가 펴낸 『큰사전』 4권에 '아이스캔디(Ice candy)=얼음엿'이 올라간 데서 비롯됐다고 한다. 그러니까 외래어 '아이스캔디'를 우리말로 다듬어 제시했던 것인데, 캔디를 엿으로 바꾼 것 자체가 무리였다. 당연히 이 말은 사람들에게 받아들여지지 않았고, 그 후 얼음엿 대신 '얼음과자'라는 말을 쓰기 시작했다. 아이스캔디라는 말도 '아이스케이크'로 바뀌었으니, 얼음엿은 진작 버렸어야 할 말이다. 그럼에도 이런 엉터리 말이 여전히 표제어로 올라 있다는 건 국어사전 편찬자들의 무신경을 드러내는 일이다.

발일 주로 발을 움직이며 하는 일.

이 말은 표준국어대사전에만 실려 있다. 주로 발을 움직이며 하는 일이 뭐가 있을까? 이 낱말을 보는 순간 축구가 떠오르긴 했지만, 축구 선수들에게 열심히 발일을 한다고 말하는 사람은 아무도 없다. 낱말만 덩그러니 올려놓고 예문도 제시하지 않아 이게 어떤 일을 말하는 건지 도무지 감을 잡을 수가 없고, 실제로 쓰이기나 했던 말인지도 의심스럽다. 차라리 헛발질을 뜻하는 '개발'이나 수비수 가랑이 사이로 공을 빼는 '알까기' 같은 말(비록 속어이긴 하지만)을 싣는 게 나았을 텐데, 그런 말은 국어사전에 올라 있지 않다.

다음 낱말들 역시 표준국어대사전에만 있다.

하제(夏製) (주로 명사 앞에 쓰여) 여름에 만든 것.
동제(冬製) 『북한어』 겨울에 만든 물건.
의서(衣書) 의류(衣類)와 서적을 아울러 이르는 말.

여름에 만든 물건은 어떤 종류를 말할까? 특별히 여름에만 제작이 가능한 물건? 고개를 갸우뚱하게 만든다. '동제'가 북한말이라고 한 것도 이상하고, '춘제'와 '추제'는 왜 없는지도 궁금하다.

의학 서적을 뜻하는 '의서'醫書는 익숙한 말이지만 옷과 책을 아우르는 '의서'衣書는 어떤 경우에 쓰는 말인지 아리송하다. 더구나 예문이나 출처도 없어 대체 어디에 어떻게 써먹을 수 있는지도 모르겠다.

각도(角塗) 『민속』 음력 정월에 쇠뿔에 물감을 칠하는 일.

두 사전에 함께 실려 있는 낱말이다. 쇠뿔에 물감을 칠한다면 어떤 효과나 목적을 바라고 하는 일일 텐데, 그런 설명이 없다 보니 불친절한 풀이가 되고 말았다. 궁금해서 검색을 하고 민속 관련 내용을 아무리 찾아봐도, 음력 정월에 쇠뿔에 물감을 칠하는 풍속을 행했다는 기록은 보이지 않는다. 중국이나 일본 풍속인가 싶기도 한데, 내 능력으로는 알아낼 길이 없다.

시포(市脯) 시장에서 산 말린 고기.

표준국어대사전에만 실려 있는 낱말이다. 대체 어디서 왔는지 궁금해서 찾아보니 『논어』 「향당」鄕黨 편에 '沽酒市脯 不食'(고주시포 불식)이라는 말이 있다. 시장에서 파는 술과 말린 고기는 사 먹지 않는다는, 공자의 식습관을 일러주는 대목이다. 거기서 '시포'만 떼어 온 셈인데, 홀로 쓰이는 일이 거의 없을 이 말을 참 잘도 찾아냈다. 내가 찾아본 바로는 소설가 현진건의 수필 「불국사 기행」에 '시포市脯를 널어놓은 듯한 희미한 강줄기'라는 표현이 나온다. 표준국어대사전이 말 그대로 대사전의 역할을 하겠다고 하면 낱말의 출처와 예문을 반드시 밝혀 주어야 한다. 그래야 우리나라를 대표하는 국어사전으로서의 가치와 신뢰를 얻을 수 있다.

고산강아지(高山———) 강아지의 하나. 강원도 고산 지방 특산종이다.
고산강아지 감 꼬챙이 물고 나서듯 한다 『속담』 감 고장인 고산의 강아지가 뼈다귀 비슷한 감 꼬챙이만 보고도 물고 나온다는 뜻으로, 살림이 궁한 사람이 평소에 먹고 싶던 것과 비슷한 것만 보아도 좋아함을 이르는 말.

표준국어대사전에 나오는 낱말과 속담인데, 풀이가 참 신기하다. 강아지 중에 정말 강원도 고산에서만 자라는 특산종이 있을까? 속담 사전 중 가장 유명하다고 할 수 있는 이기문의 『속담사전』에도 이 속담이 나오지만 풀이에 강원도라든가 고산이라는 말이 없다. 그런데 어떻게 해서 표준국어대사전에서는 강원도가 등장했을까? 아마 고산 高山이라는 말에서 자연스레 강원도를 연상했을 텐데, 고산이 정말 강원도와 관련이 있는지는 확인할 길이 없다. 강원도에는 고산이라는 지명이 없고, 기후상 강원도 산간에서는 감나무가 잘 자라지 못한다. 속담이 있었던 건 분명하지만, 억지로 끼워 맞추다 보니 강원도에 '고산강아지'라는 특산종이 있었던 것처럼 확대 해석을 하게 된 것이다.

감이 많이 나는 고장으로 전북 완주군 고산면이 있다. 고산강아지의 '고산'은 강원도가 아니라 전북의 고산면일 가능성이 높다. 강아지도 특산종이 아니고 보통 강아지임이 분명하다.

강아지가 나온 김에 하나만 더 보자.

백구(白狗) 빛깔이 흰 강아지.
백구(白狗) 털의 빛깔이 흰색인 개.

표준국어대사전에서는 왜 '강아지'라고 했을까? 강아지가 아니라 '개'라고 풀어야 한다. '황구'는 제대로 풀이했다.

황구(黃狗) =누렁이(털빛이 누런 개).

이번에는 국화와 관련된 낱말을 살펴보자.

국화만두(菊花饅頭) 밀가루를 물에 풀어 국화 모양의 판에 붓고 팥소를 넣어서 구운 과자.
국화빵(菊花—) 1. 국화꽃 모양의 판에 묽은 밀가루 반죽을 부어 구운 풀빵.
2. 서로 얼굴이 매우 닮은 사람을 비유적으로 이르는 말.

'국화만두'라는 낱말이 두 사전에 함께 실려 있는데,

풀이를 보면 '국화빵'과 같은 음식을 말하고 있음을 알 수 있다. 그런데 정말로 국화빵이라는 뜻으로 국화만두라는 말을 썼을까?

1936년 3월 11일 이무영이 『동아일보』에 연재하던 「똘똘이」라는 작품에 "국화만두 오전"이라는 말이 나온다. 이것만 가지고는 국화만두가 어떤 음식인지 알기 힘들다. 1963년 10월 29일 『동아일보』 기사에 나온 "마치 국화만두 찍어내듯 틀에 박은 듯이 유형화한 사진이……"라는 문장을 보고, 국화빵을 예전에는 국화만두라고 했다는 사실을 확인할 수 있었다. 내가 찾아본 신문에서 국화빵은 1959년 기사에 처음 나온다. 국화만두라는 말이 1930년대에 등장했고, 1950년대 후반부터 1960년대까지 국화만두와 국화빵이 같이 쓰이다 차츰 국화빵으로 굳어진 것으로 보인다.

지금은 국화만두라는 말을 안 쓰므로 그 풀이를 '예전에 국화빵을 부르던 말'이라고 해 주는 게 마땅하다. 그리고 '국화빵' 풀이에 팥소를 넣는다는 말을 첨가해 주어야 한다.

국화 이야기가 나왔으니 독특한 국화 이름을 몇 개 살펴보자.

홍운타(紅雲朶) 빛이 붉고 두꺼운 국화.

홍운타(紅雲朶) 나뭇가지가 늘어질 정도로 꽃잎과
꽃송이가 크고 빛이 붉은 국화.

백운타(白雲朶) 꽃이 희며 꽃잎이 크고 두꺼운 국화.

백운타(白雲朶) 꽃이 희며 꽃잎이 크고 두꺼운 국화.

백운타회(白雲朶膾) 백운타의 꽃잎을 넣어서 만든
육회나 생선회.

백운타회(白雲朶膾) 백운타의 꽃잎을 섞어 만든
육회(肉膾)나 어회(魚膾).

국화는 고려 시대에 중국에서 우리나라로 들어왔으
며, 그 후 재배 방법을 개량해 상당히 많은 종류의 국화가
탄생했다. '홍운타'와 '백운타'는 국화 이름이 맞지만 우리
나라 품종이 아닌 건 분명하다. 홍운타에 대한 기록은 찾지
못했으나, 백운타는 조선 후기 문인 심능숙沈能淑이 쓴 글에
나온다. 1834년에 일본에서 구해 온 백운타라는 국화에 반
해 아름다움을 찬탄하는 글을 남겼고, 사람들을 모아 백운
타를 감상하는 모임을 가졌다고 한다. 그러므로 풀이에 '일

본 품종의 국화를 일컫는 이름'이라고 밝혔어야 한다.

'백운타회'의 정체도 궁금한데 도무지 알 길이 없다. 풀이대로 하면 꽃잎을 넣어서 만든 회라는데, 어떤 형태인지 그려지질 않는다. 꽃잎 위에 회를 올려놓거나 꽃잎으로 회 주변을 장식한 건지, 아니면 꽃잎과 회를 버무려서 함께 먹는 건지 알 길이 없다.

그러다 백운타회의 '회'가 '膾'가 아니라 모임을 뜻하는 '會'인데, 그걸 누군가 잘못 이해해서 퍼트린 게 아닌가 하는 생각을 해 보았다. '고산강아지'에서 '고산'이 강원도와 아무런 관련이 없었던 것처럼 간혹 그런 예가 있기도 하므로. 심능숙이 백운타를 감상하는 모임을 만들었다고 하니 생각이 자꾸만 그쪽으로 흘러간다. 백운타회白雲朶會를 누군가 백운타회白雲朶膾로 잘못 표기했고, 그걸 표준국어대사전 편찬자가 그대로 가져온 게 아닌가 싶은 것이다.

심능숙이 살았던 무렵 우리나라 국화로는 삼학령三鶴翎이 유명했다. 삼학령은 색깔에 따라 홍학령紅鶴翎, 황학령黃鶴翎, 백학령白鶴翎으로 구분했는데, 그중에서 백학령이 가장 아름답고 기르기도 까다로웠다고 한다. 홍운타와 백운타처럼 낯선 이름을 실을 거면 삼학령 같은 우리나라 국화 이름도 함께 실었어야 하는 것이 아닐까?

제육뼈조림(一肉———) 돼지의 뼈를 잘게 토막 쳐서
간장에 조린 음식. ≒저골초

제육뼈조림(一肉———) 돼지의 뼈를 잘게 잘라서
간장에 조린 음식.

뼈를 어떻게 조려서 먹을까? '살이 붙은 돼지의 뼈'라
고 해야 그나마 고개를 끄덕일 수 있을 듯하다. 앞에 '제육'
이라는 말이 붙어 있으므로. 이 말은 요리 사전이나 백과사
전에도 나오지 않는다. 같은 말로 한자어 '저골초'豬骨炒를
올려놓은 걸로 보아 예전에 그런 음식이 있었던 듯도 하다.
그렇다면 출처라도 밝혀 주어야 하는데, 그런 것도 없으니
답답할 노릇이다.

육즙(肉汁) 쇠고기를 다져 삶아 짠 국물.

두 사전이 똑같이 풀이했는데, 예전에 육즙이라는 음
식이 있었던 모양이다.『한국민족문화 대백과사전』을 보
면 '쇠고기를 가열한 뒤 짜서 먹는 보양성 국물음식'이라는
풀이와 함께 방신영方信榮의『조선요리제법』에 나오는 "기

름기 없는 쇠고기의 살코기를 곱게 이겨서 실백(껍데기를 벗긴 알맹이 잣)을 이겨 섞어 넣고 중탕을 하여 정한 베보자기에 짜서 뜨거울 때 후춧가루를 쳐서 먹는다"라는 기록이 올라 있다.

그렇다고 할지라도 요즘 흔히 쓰는 용법도 함께 올렸어야 한다. 소고기를 구울 때는 육즙이 다 빠져나가지 않도록 살짝 구우라는 얘기를 많이 한다. 이럴 때 쓰는 육즙의 뜻은 어디로 간 걸까?

새우구이 큰 새우의 껍질을 벗기고 반을 가른 다음 양념을 발라서 꼬챙이에 꿰어 구운 음식.
새우구이 큰 새우를 껍질을 벗기고 양념을 발라서 꼬챙이에 꿰어 구운 음식.

이 낱말 역시 옛날 조리법만 올려놓았고, 왕소금을 밑에 깔고 통째로 구워 먹는 새우구이에 대한 설명은 없다. 혹시나 해서 '새우소금구이' 같은 말이 따로 있나 살펴봤는데 없었고, 뜬금없이 '도미소금구이'만 표제어로 올라 있었다. 요지경 속이라고 하겠다.

국어사전에 독립된 낱말만 올라가라는 법은 없다. 관

용구도 들어갈 수 있고, 속담도 실어야 한다. 그런데 다음
에 소개하는 것들이 과연 표준국어대사전의 표제어로 적
절한지에 대해서는 수긍이 안 된다.

눈알^속^이물(———異物)『의학』안구 속에 쇳가루,
탄가루, 돌가루, 유리 조각 따위가 들어가서 박힌 것.
눈이 시리고 눈물이 나오면서 아픈데, 이물이 들어가서
오래 남아 있으면 여러 가지 눈병을 일으키므로 2~3일
안으로 이물을 꺼내야 한다.

수술^후^창자^마비(手術後——痲痺)『의학』개복 수술
뒤에 창자의 운동이 약해지거나 정지하는 일. 복부가
팽만하고 방귀가 나오지 않으나 24~84시간 안에 자연히
회복된다.

따뜻한^구름『지리』온도가 평균 이상으로 높은 구름.

낙진풍^벡터^표시(落塵風vector標示)『물리』
지표면으로부터 최고 고도까지의 낙진 형태에 영향을
주는 바람의 구조에 대한 벡터 도표.

진공^동결^건조^야채(眞空凍結乾燥野菜)『공업』
진공 용기 속에서 영하 30~40도로 냉각하여
탈수한 야채. 수분을 가하면 본래 상태로 돌아오며,

맛·향기·영양가도 손상되지 않는다.

낱말도 아니고 관용구도 아니며, 복합어라고 보기도 힘들다. 분류 항목을 보면 전문어라는 건 알겠는데, 그래도 참 이해가 안 간다. '따뜻한구름'이 있다면 '찬구름'도 있어야 할 것 같은데, 그런 낱말은 보이지 않는다. '찬바람'은 표제어로 있지만 '더운바람'은 없다. '선풍기에서 더운 바람만 나온다'같이 실생활에서 많이 쓰는 낱말인데도 말이다.

삼키기 『의학』 입속에 있는 음식물을 삼키는 동작.
제1단계는 혀가 음식을 목구멍으로 밀어 넣는 수의적인 동작이지만, 그다음부터 위까지 들어가는 제2·3단계는 근육의 반사적 동작이다.

이걸 전문용어라고 실어 놓았다. 그렇다면 '씹기'나 '먹기', '소화시키기' 같은 건 왜 표제어에 없고 전문어 취급을 못 받는 걸까?

감식주의(減食主義) 『의학』 건강을 위하여 음식의 양을

알맞게 줄여야 한다는 이론. 미국의 플레처(Fletcher,
H.)가 주창하였다.

모유주의(母乳主義) 젖먹이 아이의 영양으로서 모유를
먹이는 것이 가장 이상적이라고 생각하는 태도.
유제품의 질적 향상, 모성 의식의 변화로 모유를 먹이는
어머니가 급속히 준 것을 걱정하여 생겨났다.

'감식주의'는 '의학' 용어인데, '모유주의'는 아무런 분
류 항목이 없다. 그런 걸 떠나 저런 내용에 '─주의'라는 말
을 붙여 특별한 낱말 취급을 할 필요가 있을까? 그냥 상식
선에서 모두 아는 내용인데 말이다.

올림픽^종목(←Olympics種目) 『운동』국제 올림픽 경기
대회의 경기 종목.
올림픽^회의(←Olympics會議) 『운동』국제
올림픽 위원회가 올림픽 대회 창설을 위하여 열기
시작하였으며, 국제 올림픽 위원회와 각국의 국내
올림픽 위원회 그리고 국제 경기 연맹의 대표자가
필요에 따라 모임을 갖는다.
올림픽^선수촌(←Olympics選手村) 『운동』올림픽

대회에 참가하는 각국 선수와 임원들을 위한
숙사(宿舍)를 마련해 놓은 지역.

올림픽^레커그니션(←Olympics Recognition) 『운동』
국제 올림픽 위원회에서 1973년부터 매년 올림픽에
공헌한 개인에게 주는 상.

모두 표준국어대사전에만 나오는 말이다. 그런데 이
런 것도 표제어가 되는 걸까? 그렇다면 '올림픽선수', '올
림픽메달', '올림픽규정' 같은 것도 들어가야 하는 게 아닐
까? '올림픽심판' 같은 건 또 어떻고? 하긴 다음과 같은 것
도 표제어가 되는데 뭔들 표제어로 못 올리겠는가.

종목^집중^지도(種目集中指導) 『운동』 종목별로 하는
집중적인 지도.

끝으로 수상한 낱말 풀이를 하나 더 보자.
높은 곳을 무서워하는 걸 흔히 고소공포증이라고 한
다. 표준국어대사전에서 고소공포증을 찾으면 '높은 곳 공
포증'이라는 말을 찾아가라고 해 놓았다. 우리말로 순화해
놓은 건데, 그런 말을 쓰는 사람이 얼마나 있을까? 그건 그

렁고 다음 낱말을 보자.

> **고공**(高空) 높은 공중. 흔히 높이 1,500~2,000미터 위의
> 하늘을 이른다. ≒고궁(高穹)

고공도 높이의 기준이 있다는 건데, 누가 저런 기준을
정했을까? 고공이 들어간 다른 낱말을 찾아보았다.

> **고공비행**(高空飛行) 『항공』1만 5000~2만 미터 이상의
> 높은 하늘에서 하는 비행.
> **고공^폭격**(高空爆擊) 『군사』폭격기 따위가 4,500미터
> 이상의 고도에서 수평 상태로 비행하며 행하는 폭격
> 방법.

여긴 또 기준이 다르다. 어떻게 된 걸까? '고공비행'과
'고공폭격'은 전문어로 분류되어 있으니 그 방면의 전문가
들이 설정해 놓은 기준일 것이다. 전문어는 그럴 수 있다
치고, 다시 앞으로 돌아가 '고공'이라는 낱말은 전문어도
아닌데 왜 '1,500~2,000미터'라는 기준을 정해 놓은 건지
이해하기 힘들다. 그런 궁금증을 네이버 한자어 사전을 보

면서 풀게 되었다.

高空(고공) 높은 공중(空中). 높이 15킬로미터에서
20킬로미터 위의 하늘.

여기는 '15킬로미터에서 20킬로미터'라고 되어 있다.
미터로 환산하면 '1만 5000~2만 미터'가 되므로 '고공비
행'의 풀이에 나온 높이와 같다는 걸 알 수 있다. 결국 '고
공'의 풀이에 나오는 높이는 '고공비행'에서 제시한 높이
를 가져오다 실수로 숫자에서 0을 하나 빼먹은 것이다.

고공심리(高空心理) 고공을 비행 중인 사람에게 생기는
독특한 심리 상태.

이건 또 뭘까? 독특하다고만 되어 있지 구체적인 내용
이 없다. 정말로 저런 말이 통용되고 있을까? 저런 말은 보
통 '심리'라는 분류어가 붙어야 할 텐데 아무런 분류 표시
없이 그냥 일반어로 처리되어 있다. 아무도 쓰지 않는 저
말이 어디서 왔을까 찾아보니, 일본어 사전에 '고쿠심리'高
空心理, こうくうしんり라는 말이 올라 있다.

이 말은 1922년 문창사에서 최연택이 펴낸 『현대신어석의』現代新語釋義에 등장한다. 당시에 새로 들어온 신조어를 모은 사전인데, 그 무렵의 새로운 한자어가 대부분 그렇듯 일본에서 건너온 말일 것이다. 하지만 지금은 일본에서도 거의 사용하지 않는 말이다.

(1) 허술한 뜻풀이

표준국어대사전이 뜻풀이를 얼마나 성의 없이 해 놓았는지 알아보자. 첫 번째가 표준국어대사전의 풀이이고, 두 번째가 고려대 한국어대사전의 풀이다.

불가능하다(不可能ーー) 가능하지 아니하다.
불가능하다(不可能ーー) (어떤 일이) 일어나거나
이루어질 수 없다.

불건전하다(不健全ーー) 건전하지 아니하다.
불건전하다(不健全ーー) (대상이) 건실하고 온전하지
아니하다.

무분별하다(無分別ーー) 분별이 없다.
무분별하다(無分別ーー) (사람이나 그 행동이) 사리에

맞게 판단하고 구별하는 능력이 없다.

무절제하다(無節制——) 절제함이 없다.

무절제하다(無節制——) (사람이나 그 행동이) 정도를 넘지 않도록 알맞게 삼감이 없다.

비문화적(非文化的) 문화적이 아닌. 또는 그런 것.

비문화적(非文化的) 1. (기본의미) 문화의 면에서 본 것이 아닌. 또는 그런 것.

2. 일정한 수준의 문화를 갖지 않은. 또는 그런 것.

비정상(非正常) 정상이 아님.

비정상(非正常) 1. (기본의미) 어떤 것이 바뀌어 달라지거나 탈이 생겨 나타나는 제대로가 아닌 상태.

2. 바르거나 떳떳하지 못한 상태.

반대론(反對論) 반대되거나 반대하는 논리나 논설.

반대론(反對論) 어떠한 이론이나 주장에 대하여 그것을 반대하는 이론이나 주장.

반독점(反獨占) 독점을 반대하는 것.

반독점(反獨占) 특정 개인이나 단체가 생산과 시장을 지배하여 이익을 독차지하는 것을 반대하거나 배격하는 것.

관광객(觀光客) 관광하러 다니는 사람.

관광객(觀光客) 다른 지방이나 다른 나라의 풍경이나 풍물 등을 구경하러 다니는 사람.

방청객(傍聽客) 방청하는 사람.

방청객(傍聽客) 토론, 재판, 텔레비전 공개 방송 등에서 발언권이 없이 단순히 곁에서 듣는 사람.

추도사(追悼辭) 추도의 뜻을 표하는 말이나 글.

추도사(追悼辭) 죽은 사람을 생각하며 슬퍼하고 명복을 비는 뜻으로 하는 말.

표준국어대사전처럼 풀이한다면 국어사전 만들기가 누워서 떡 먹기보다 쉬울 듯하다.

(2) 피동형 낱말

번역투 문장을 비판하는 사람들이 많은데, 나는 번역투 자체를 없애야 한다고 생각하지는 않는다. 각 나라의 언어는 서로 스며들면서 영향을 주고받기 마련이고, 그런 과정에서 우리말 용법이 풍부해지는 장점도 분명히 있기 때문이다. 하지만 지나치게 어색한 문장을 만나면 눈살이 찌푸려지는 것도 사실이다. 특히 피동형의 남발은 우리말의 자연스러움을 해치는 주범이기도 하므로 가능하면 줄이는 게 좋다.

표준국어대사전에 나오는 다음 낱말의 풀이를 보자.

착용되다(着用——) 의복, 모자, 신발, 액세서리 따위가 입어지거나, 쓰이거나, 신어지거나 차지거나 하다.

풀이에 나오는 '입어지거나' '신어지거나' '차지거나' 같은 말은 너무 어색하다. '—지다'라는 말이 분명 우리말에 있고, '떨어지다' '넘어지다' 같은 표현은 많이 쓰니 별 문제가 없지만, 이 풀이에 나오는 표현들은 도저히 봐 주기가 어렵다.

같은 말을 고려대 한국어대사전에서는 이렇게 풀었다.

착용되다(着用——) (옷이나 액세서리가 사람에게)
입혀지거나 신겨지거나 쓰이거나 차이다.

여기도 어쩔 수 없이 피동형을 쓰기는 했으나 그래도 한결 낫다.

이번에는 표준국어대사전에서 '착용되다' 항목에 실은 예문을 보자.

왕실이라든가 귀족이라든가 힘 있게 돈 있는 자에
의해서 때때로 색깔이 고운 옷이 착용된다.(이어령, 『흙
속에 저 바람 속에』)

예문은 가능하면 정확하면서 아름다운 문장을 들어야 한다. 그런데 아무리 봐도 이어령 교수의 문장은 어색하고 못생긴 문장이다. 이렇게 바꾸는 게 훨씬 간명하고 좋다.

왕실이라든가 귀족처럼 힘과 돈 있는 자들은 때때로 색깔이 고운 옷을 착용한다.

표준국어대사전에는 '—되다'가 붙은 표제어가 무척 많다. 그중에는 꼭 필요한 것도 있으나 상당수는 없애 버려도 좋을 낱말이다. 예문도 제시하지 못할 만큼 실생활에서 거의 쓰지 않는 낱말을 굳이 국어사전이 품어 줄 이유는 없지 않겠는가. 가령 다음과 같은 것이다. 이런 낱말은 그냥 '—하다'를 붙여서 쓰거나 아니면 '—당하다'를 붙여서 쓰면 된다.

낙제되다(落第——) **모욕되다**(侮辱——)

반발되다(反撥——) **선회되다**(旋回——)

성화되다(聖化——) **신조화되다**(信條化——)

운집되다(雲集——) **입상되다**(入賞——)

재기되다(再起——) **정통되다**(精通——)

준거되다(準據——) **조숙되다**(早熟——)

중대화되다(重大化——) **집착되다**(執着——)

촉감되다(觸感——) **탄복되다**(歎服——/嘆服——)

탄압되다(彈壓——) **평준되다**(平準——)

피해되다(被害——) **회귀되다**(回歸——)

참고로 표준국어대사전과 고려대 한국어대사전에 '번역투'라는 표제어는 없다. 그만큼 번역투 문장에 관심이 없다는 증표인지도 모르겠다.

(3) '—하다' 꼴 낱말

우리말에는 어근에 '—하다'를 붙인 말이 무척 많다. 웬만한 명사에는 모두 '—하다'를 붙여서 쓸 정도다. 그래서 나는 명사만 표제어로 삼고, 그 밑에 '—하다'를 붙여서 동사나 형용사를 만들 수 있다고 달아 놓으면 어떨까 싶기도 하다. 예를 들면 '노래'라는 항목에서 뜻을 풀이한 다음 끝에 '(동)노래하다'라고 해 놓아도 되지 않을까? 그러면 '—하다'가 붙은 수많은 말을 표제어 항목에서 뺄 수 있을 것이다. 물론 '착하다' '씩씩하다'처럼 어근만 따로 떼어 놓기 어려운 말은 그냥 표제어로 올려야 하겠지만.

'—하다'를 붙여 만든 말 중에 이상한 것이 많다. 무조

건 갖다 붙이다 보니 억지스러운 말이 된 데다, 대부분 예
문과 용례가 없어 실생활에서 쓰이기는 하는지 짐작하기
도 어렵다.

다족하다(多足——) 『동물』발이 많다. 절지동물 가운데
지네나 그리마에서와 같이 체절에 다리가 많음을
이른다.

다육하다(多肉——) 식물이나 동물 따위에 살이 많다.

다즙하다(多汁——) 식물의 열매, 잎, 줄기 따위에
물기나 즙이 많다.

사견하다(飼犬——) 집에서 개를 기르다.

빈타하다(貧打——) 『운동』야구에서, 안타가 거의 나지
아니하다.

사실하다(寫實——) 사물을 있는 그대로 그려 내다.

유관작하다(有官爵——) 관작이 있다. ('무관작하다'는
없음)

무재능하다(無才能——) 아무런 재능이 없다.
('유재능하다'는 없음)

유소문하다(有所聞——) 소문이 널리 퍼져 있다.
('무소문하다'는 없음)

이식하다(二食——) 하루에 두 번 식사를 하다.

('일식하다' '삼식하다'는 없음)

산붕괴하다(山崩壞——) 『지리』 산사태가 일어나다.

장정하다(長征——) 『역사』 1934년에서 1936년까지 중국 공산당군이 전략적으로 대이동을 하다.

야식하다(夜食——) 저녁밥을 먹고 난 한참 뒤 밤중에 음식을 먹다.

무인격하다(無人格——) 인격이 없거나 인격에 손상이 있다.

무빙하다(無氷——) 강이나 호수 따위가 얼지 아니하다.

무빙하다(無憑——) 증명할 수 있는 근거가 없다.

무자본하다(無資本——) 자본이 없다.

후수하다(後水——) =뒷물하다(사람의 국부나 항문을 씻다).

야학하다(夜學——) 밤에 공부하다.

불신용하다(不信用——) 의심을 가지고 남을 믿지 않거나 받아들이지 아니하다.

학식하다(學殖——) 학문을 쌓다.

무초하다(貿草——) 장사하기 위하여 담배를 많이 사들이다.

다지하다(多智——) 지혜가 많다.

다의하다(多義——) 한 낱말이나 표현에 여러 가지 뜻이 있다.

다의하다(多疑——) 의심이 많다.

소구분하다(小區分——) 작게 구분하다.

윤활하다(潤滑——) 「동사」1.『기계』 베어링 따위와 같이 두 개의 고체 사이에 상대 운동이 이루어질 때 그 접촉면에 유막(油膜)을 만들어 마찰로 인한 마모, 발열 따위를 감소시키다.

2.『북한어』 동작 따위가 거침없이 자연스럽게 흐르다. 「형용사」 기름기나 물기가 있어 뻑뻑하지 아니하고 매끄럽다.

신혼하다(新婚——) 갓 결혼하다. 또는 새로 결혼하다.

기혼하다(旣婚——) 이미 결혼하다.

오타하다(誤打——) 타자기나 컴퓨터 따위를 칠 때에 잘못 치다.

반방학하다(半放學——) 학교에서, 정식 방학에 들어가기 전에 오전에만 수업하다.

내가 교사 생활을 하는 동안 방학 전에 오전 수업만 하는 걸 '반방학'이라고 부르는 경우를 들어 본 기억이 없다.

　이런 예는 셀 수 없이 많아 다 싣기 어렵다. 이 말들을 '—하고' '—하니' '—하는' 등으로 활용해서 써 보려고 하니 너무 어색한 말이 된다. '저분은 다지多智한 사람이야.' '오타誤打하지 말고 잘 쳐.' '이 부부는 지난주에 신혼했어.' 아무래도 입에 붙지 않는다.

　끝으로 낱말 두 개를 더 보자.

삼천하다(三遷ーー) 세 번 옮기거나 이사하다.

　이 말은 '맹모삼천지교'孟母三遷之敎에서 왔을 텐데, 거기서 '삼천'만 떼어 세 번 이사한다는 뜻으로 쓰니 이상한 말이 되었다. '맹모'를 넣어서 풀어야 한다.

다조하다(多照ーー) 애틋한 정도 많고 한스러운 일도 많다.
다조하다(多照ーー) (빛이) 농작물에 볕을 쬐는 시간이 많다.

　'다조' 항목을 보면 '농작물에 쪼이는 햇볕의 양이 많음'이라는 풀이만 있다. 고려대 한국어대사전은 '다조'의 뜻에 맞추어 '다조하다'의 풀이를 달았는데, 표준국어대사전의 풀이는 어떻게 나왔는지 알 수가 없다.

(4) 증권 용어

경제 용어 중 특히 증권과 관련된 낱말을 모아 보았다. 얼마나 무성의하게 풀이했는지 알 수 있다.

악재(惡材) 『경제』 증권 거래소에서 시세 하락의 원인이 되는 조건.
호재(好材) 1. =호재료(좋은 재료).
2. 『경제』 증권 거래에서, 시세 상승의 요인이 되는 조건.

표준국어대사전의 풀이인데, 아무리 봐도 다른 뜻이 보이지 않는다. 우리가 일상생활에서 쓰는 풀이는 어디로 간 걸까? 고려대 한국어대사전에는 이런 뜻 외에 '악재'는 '상황을 악화시키는 원인이 되는 나쁜 조건을 비유적으로 이르는 말', '호재'는 '일의 형편 따위에 이익이 되거나 좋은 영향을 미치는 요인이 되는 것'이라는 풀이가 더 있다. '호재'의 1번 풀이도 이상하긴 마찬가지다. '호재'를 재료의 뜻으로 사용하는 경우는 들어 보지 못했다. 표준국어대사전에는 이런 식으로 전문어에 홀려 정신을 못 차리는 경우가 무척 많다.

　　다음 낱말들을 보면 문제점이 더 분명해진다. 전부 '경제' 용어로 분류한 다음 증권과 관련한 내용만 풀이에 담았다.

사업^설명서(事業說明書)『경제』유가 증권을 모집·매출할 때 발행 회사의 사업에 관한 내용을 투자자에게 제공하기 위한 문서.

사업^보고서(事業報告書)『경제』회사가 매 사업 연도 말에 그 사업 연도의 재무 상태와 경영 성과 따위의 기업 내용을 기재하여 주주, 증권 관리 위원회, 증권 거래소 따위에 제출하는 보고서.

유통^시장(流通市場)『경제』이미 발행된 유가 증권의 거래가 이루어지는 추상적 시장.

매매^단위(賣買單位)『경제』증권 거래소에서 매매되는 유가 증권의 거래 단위.

인수단(引受團) 『경제』 유가 증권을 인수하기 위하여
계약에 따라 여러 인수 기관으로 구성된 집단.

증권업이 아닌 다른 사업이나 활동 분야에서도 두루
쓰는 말인데, 그런 것에 대한 고려가 전혀 없다. 이 부분에
서는 고려대 한국어대사전의 풀이도 다를 바가 없다.
　다음 낱말들은 또 어떤가?

팔겻몰림 『경제』 증권 시장에서 팔 주식이 쏟아져
나오는 상태.
살겻몰림 『경제』 증권 시장에서 매수(買收) 주문이 많이
쏟아지는 상태.
어지빠름 『경제』 증권 시장에서, 신규로 팔고 살 자료가
없어서 시세의 전망을 알 수 없어 신규로 팔거나 사기
어려운 상태.
안꽈먹기 『경제』 증권 시장에서, 싼 시세에 사서 오른
시세에 팔아 이득을 보고, 이 시세에 다시 팔아서 내려간
시세에 되사 이득을 취하는 일.
거슬러태우기 『경제』 증권 거래에서, 인기가 없을 때
사들이고 인기가 좋을 때 파는 일.

팔아두들기기 『경제』 증권 시장에서, 주식을 한꺼번에 많이 팔아서 시세를 의도적으로 떨어뜨리는 일.

찔러팔기 『경제』 증권 거래에서, 시세가 아주 떨어져 주가가 싼 가격인데도 계속해서 주식을 파는 일.

우리말로 된 용어라 반가워할 사람도 있겠으나, 이런 말은 증권 용어 사전에도 나오지 않는다. 업계에서 쓰지 않는 말이라는 얘기다. 아마 누군가 혹은 어느 기관에선가 한자나 영어로 된 증권 용어를 우리말로 순화해 만든 말일 텐데, 쓰지도 않는 말을 왜 갖다 놓았는지 모르겠다. 비행기를 '날틀'이라고 하자고 했다가 실패한 것과 마찬가지 사례라 하겠다.

이상한 한자어

오랫동안 한자 문화권 아래서 살아온 관계로 우리가 사용하는 말이나 각종 용어가 중국 영향을 받지 않을 수 없었다. 어쩔 수 없는 측면이 있고, 그 또한 우리 문화의 일부이니 무조건 몰아낼 일도 아니긴 하다. 그래도 이런 걸 표제어로 올린 건 심하다 싶거나 풀이가 이상한 말을 국어사전에서 발견할 때가 있다.

계구마(鷄狗馬) 닭과 개와 말을 아울러 이르는 말.

표준국어대사전에서 이 낱말을 발견했을 때, 대체 어디에 써먹을 수 있는 말인가 싶었다. 그러다 다음 낱말을 발견하고 의문이 풀렸다.

계구마지혈(鷄狗馬之血) 『역사』 임금이나 신하가
맹세할 때에 신분에 따라 셋으로 구분하여 쓰던 희생의
피. 임금은 소나 말의 피를, 제후는 개나 수퇘지의 피를,
대부(大夫) 이하는 닭의 피를 마셨다.

'계구마'라는 말은 '계구마지혈'에서 앞부분만 따온
것으로, 독립시켜서 쓰기에는 적절치 못하다. '계구마지
혈'은 중국 역사서인 『사기』史記에 나온다. 그렇다면 뜻풀
이를 할 때 '옛날 중국에서 임금이나 신하가……' 같은 설
명을 넣어서 중국 사람들이 치르던 의식임을 분명히 밝혔
어야 한다.

계두육(鷄頭肉) 아름다운 여인의 유방을 비유적으로
이르는 말.

이 말도 참 난감한데, 두 사전에 모두 나온다. 하필이
면 여인의 유방을 왜 계두, 즉 닭의 대가리에 빗대어 표현
했을까? 찾아보니 유래가 있다.
양귀비에 대한 이야기를 모은 『양비외전』揚妃外傳이라
는 책에 이런 대목이 나온다. 양귀비가 여산驪山의 온천에

서 목욕을 하고 한쪽 유방을 드러낸 채 다가오자 그 모습을 본 현종이 유방을 움켜쥐고 '연온신박계두육'軟溫新剝鷄頭肉이라고 했다. 부드럽고 따스한 것이 이제 막 털을 벗겨 놓은 닭의 대가리와 같다는 뜻이다. 여기서 '계두육'이라는 말이 나왔는데, 당나라 현종의 표현력이 저급함을 알 수 있다.

썩 좋지도 않은 낱말을 왜 우리나라 국어사전에 올렸는지 모르겠다. 올릴 거면 출처나 유래라도 밝혀서 제대로 이해할 수 있도록 했어야 한다.

> **금계^전설**(金鷄傳說) 『문학』 황금의 닭이 땅속에 묻혀 있다는 전설. 이 닭이 새벽을 알리면 천하의 닭이 이를 따라 운다고 한다.

표준국어대사전에만 나오는 이 낱말이 우리나라 전설에서 온 건지 중국 전설에서 온 건지 모호하다. 아무래도 중국 전설 같은데, 어느 지방에서 전해 오는 전설인지 설명이 없어서 궁금증만 불러일으킨다. 찾아보니 중국의 동방삭東方朔이 편찬했다고 알려진 『신이경』神異經 「동황경」東荒經 편에 나온다.

蓋扶桑山有玉鷄, 玉鷄鳴則金鷄鳴, 金鷄鳴則石鷄鳴,

石鷄鳴則天下之鷄悉鳴, 潮水應之矣.

부상산에 옥계가 있는데, 옥계가 울면 금계가 울고,

금계가 울면 석계가 울고, 석계가 울면 천하의 닭이 모두

울고 조수도 이에 호응한다.

금계에 앞서 옥계玉鷄가 먼저 운다고 되어 있다. 하지

만 옥계도, 금계 아래인 석계도 표제어에 없다. 애초에 '금

계전설' 같은 말을 표제어에 올릴 이유가 없었다.

양두사(兩頭蛇) 머리가 둘 달린 뱀. 사람이 보면

죽는다는 전설이 있다.

양두사(兩頭蛇) 머리가 둘 달린 뱀. 이것을 보는 사람은

죽는다는 전설(傳說)이 있다.

표준국어대사전의 풀이에서 두 번째 문장은 비문이

다. 뱀을 본 사람이 죽는다는 건지 사람이 뱀을 보면 그 뱀

이 죽는다는 건지 명확치 않기 때문이다. 고려대 한국어대

사전의 풀이가 제대로 된 풀이다. 더 큰 문제는 이렇게만

84

풀이를 해 놓으면 저런 뱀이 진짜 있는지, 왜 그런 전설이 생겼는지 알 길이 없다는 점이다. 중국 고사에서 비롯했다는 걸 밝혀야 한다. 중국의 여러 기록에 양두사에 대한 이야기가 나온다. 초나라 사람 손숙오孫叔敖가 머리 둘 달린 뱀을 보고 돌아와서 어머니에게 자신은 곧 죽을 거라고 말했다. 사연을 들은 어머니가 그래서 뱀은 어떻게 했느냐고 물으니 다른 사람이 그 뱀을 보고 죽을까 봐 죽여서 땅에 묻었다고 대답했다. 손숙오의 됨됨이를 알려 주는 고사를 통해 양두사가 사람들 입에 오르내리게 되었으며, 수천 년이 지나 우리나라 국어사전에까지 오르게 되었다.

전부(田父) 『동물』 개구리의 하나. 몸이 크며 뱀 따위를 잡아먹는다고 한다.

표준국어대사전에만 나오는 낱말인데, 이런 개구리가 있다는 얘기를 들어 본 사람이 과연 있는지 모르겠다. 이 낱말은 명나라 사람 이시진李時珍이 편찬한 의학서 『본초강목』本草綱目에 나온다. 직접 서술한 게 아니라 『흡문기』洽聞記라는 책에 나오는 '전부'에 대한 정보를 인용했는데, '큰 개구리를 가리키는 말로 능히 뱀을 잡아먹으며 뱀처럼 돼지를 피할 줄 안다'고 되어 있다. 우리나라에는 있지도 않은 개구리일뿐더러 중국에서도 실존했던 동물인지 확인할 길이 없다. 『흡문기』라는 책 이름 자체가 들은 걸 모아 놓은 기록이라는 뜻이므로, 상상 속 동물일 가능성이 많다. 옛날 중국 책에 신빙성도 없이 적어 놓은 낱말을 찾아내 국어사전에 떡하니 올려놓는 용기가 가상할 따름이다.

도견와계(陶犬瓦鷄) 도제(陶製)의 개와 와제(瓦製)의 닭이라는 뜻으로, 겉모습은 훌륭하나 실속이 없어 아무 쓸모도 없는 사람을 놀림조로 이르는 말.

참 어렵게 풀이했다. '도제'는 '흙을 구워서 만든 도자기 따위의 물건'이라는 뜻으로 표제어에 있는데, '와제'는 아무리 찾아도 안 보인다. 한자로만 보면 기와로 만든 물건일 텐데, 그게 어떤 건지 감을 잡기가 힘들다. 이상해서 같은 말을 고려대 한국어대사전에서 찾아보았다.

도견와계(陶犬瓦鷄) 도자기 만드는 집의 개와 기와 만드는 집의 닭이라는 뜻으로, 아무 쓸모가 없는 무용지물을 비유적으로 이르는 말.

이번에는 풀이가 더 이상하다. 도자기 만드는 집의 개와 기와 만드는 집의 닭이라니? 개와 닭이 어느 집에서 기르느냐에 따라 쓸모가 달라지는 걸까?

'도견'은 표제어에 없고 '와계'는 있는데 풀이가 다음과 같다.

> **와계**(瓦鷄) 기와로 만든 닭이라는 뜻으로, 외형(外形)은 있지만 아무 소용이 없음을 이르는 말.

대체 어디서 온 말인가 싶어 조사해 보니 중국 남북조 시대 양나라의 소역蕭繹이 지은 『금루자』金樓子에 나오는 말이다.

> 陶犬無守夜之警, 瓦鷄無司晨之益.
> 질그릇으로 구운 개는 밤에 집을 지키지 못하며, 기와로 구운 닭은 새벽을 알리지 못한다.

출처와 원문을 보고 나서야 비로소 무슨 뜻으로 만든 말인지 알 수 있었다. 그러므로 한자 성어를 실을 때는 반

드시 출처를 밝혀야 한다. 그러지 않아서 국어사전이 말 그
대로 '도견와계'와 같이 쓸모없는 사전이라는 비아냥을 듣
는 처지가 되었다.

> **끽초**(喫醋) 매일 초(醋)와 우유를 각각 한 통씩 먹어야
> 한다는 사자를 아내에 비유하여, 아내의 질투를
> 이르는 말.

뜻풀이를 아무리 읽어 봐도 이해가 되지 않는다. 육식
동물인 사자가 식초와 우유를 먹는다는 것도 그렇고, 그게
왜 아내의 질투와 연결되는지도 파악할 길이 없다. 유래를
찾아보니 이러하다.

중국 당나라 태종 때 방현령房玄齡이라는 재상이 있었
다. 그의 아내는 질투가 심했는데, 방현령은 그런 아내를
무서워했다. 방현령이 국정 운영에서 뛰어난 능력을 보이
자 당태종이 첩을 내려 주려고 했다(일설에는 방현령이 첩
을 들이고 싶어했다는 얘기도 있다). 하지만 질투가 심한
방현령의 아내는 그런 조치를 받아들이지 않았다. 화가 난
당태종은 방현령의 처에게 첩을 받아들일지, 황제가 내리
는 독주를 받아 마실지 결정하라고 했다. 그러자 방현령의

아내는 눈 하나 깜짝하지 않고 독주를 받겠다고 나섰다. 하지만 독주를 마신 방현령의 아내는 죽지 않고 멀쩡했다. 황제가 내린 잔에는 독주가 아니라 식초가 담겨 있었던 것이다. 겁을 주어 첩을 받아들이도록 꾀를 낸 것이었는데, 방현령의 아내가 죽음을 불사하고 거짓 독주를 마시는 바람에 계획이 수포로 돌아가고 말았다.

이로부터 '식초를 마신다'는 뜻의 '끽초'가 질투를 뜻하는 말로 사용되었으니, 국어사전의 풀이가 얼마나 엉터리인지 알 수 있다. 중국에서는 끽초보다 '흘초吃醋'를 같은 뜻으로 더 많이 쓰고 있다.

뜻풀이에 나온 사자는 동물이 아니라 황제가 보낸 심부름꾼, 즉 사자使者가 아닐까 싶다. 기록에 내시를 보냈다고 되어 있기 때문이다. 식초 다음에 우유는 또 왜 등장했을까? 도대체 어디서 이렇게 말도 안 되는 내용을 가져왔는지 이해할 길이 없다.

한자어 중에 중국에서 건너온 것은 유래나 출처를 밝혀 주는 게 대사전이 취해야 할 편찬 태도다. 대사전이라면 단순한 뜻풀이에 그칠 게 아니라 그 낱말에 대한 모든 정보를 담아야 한다. 단순히 낱말만 많이 모았다고 대사전이 되는 건 아니다.

백곡왕(百谷王) 모든 골짜기의 물이 모이는 곳이라는 뜻으로, '바다'를 비유적으로 이르는 말.
곡왕(谷王) '바다'를 달리 이르는 말.

출처도 없고 풀이도 정확하지 않다. 노자의 『도덕경』 66장에 이런 구절이 나온다.

江海所以, 能爲百谷王者, 以其善下之, 故能爲百谷王.
강과 바다가 온 계곡의 왕이 되는 것은 아래에 있기를
좋아하기 때문이다. 그러므로 온 계곡의 왕이 되는
것이다.

이어서 성인聖人이 마치 이와 같다는 내용이 뒤따른
다. 백성 앞에서 한없이 겸손하면 저절로 믿고 따른다는 내
용이다. 따라서 '백곡왕'은 강해江海, 즉 강과 바다를 이르
는 동시에 모든 사람이 따르는 성인을 비유하는 말이다.

곡신(谷神) 골짜기의 텅 비어 있는 곳이라는 뜻으로,
헤아릴 수 없이 깊고 미묘한 도(道)를 이르는 말.

역시 노자의 『도덕경』 6장에 나오는 말이다.

谷神不死, 是謂玄牝. 玄牝之門, 是謂天地之根, 綿綿若存,
用之不勤.
골짜기의 신은 죽지 않으며('신이 죽지 않는 골짜기가
있으며'라고 해석하는 사람도 있다) 그 골짜기의 이름을
현빈, 즉 현묘한 암컷이라 한다. 현빈의 문은 천지의

근원이 시작된 곳이니, 면면히 이어지며 존재하지만
결코 쓰이고자 노력하지 않는다.

역시 국어사전의 풀이가 원문에 나온 뜻을 반영하기
에는 충분치 못해 보인다.

삼본(三本) 예(禮)의 세 가지 근본. 천지(天地),
조상(祖上), 군사(君師)를 이른다.

예의 근본을 따지자면 주장하는 사람에 따라 다양한
견해가 나올 수 있다. 그러므로 이 세 가지를 누가 내세운
건지 밝혀 줄 필요가 있다. 『순자』「예론」禮論에 나오는 말
이다.

天地者生之本, 先祖者類之本, 君師者治之本.
하늘과 땅은 삶의 바탕이요, 선조는 인류의 근본이요,
임금과 스승은 다스림의 근본이다.

묘신(眇身) 작은 몸집.

『한서』漢書「무제기」武帝紀에 이런 구절이 나온다.

朕以眇身, 承至尊, 兢兢焉.
짐이 보잘것없는 몸으로 지존의 자리를 이어받았으니
삼가고 두려워한다.

풍수지탄(風樹之歎/風樹之嘆) 효도를 다하지
못한 채 어버이를 여읜 자식의 슬픔을 이르는 말.
≒풍목지비·풍수지감·풍수지비

　바람과 나무가 왜 등장했으며, 그게 왜 풀이에 나오는
뜻을 갖게 됐는지 궁금하지 않을까? 이 말은 한영韓嬰이 쓴
『한시외전』韓詩外傳에서 가져왔다. 원문은 이렇다.

樹欲靜而風不止, 子欲養而親不待.
나무는 고요히 있고자 해도 바람이 그냥 두지 않고,
자식이 봉양코자 해도 어버이는 기다려 주지 않는다.

　공자와 관련된 고사도 있지만 그 부분은 생략한다.
한영이 어떤 사람인가 궁금했는데, 표제어에는 없고

대신 이 낱말이 보인다.

한시(韓詩) 중국 연나라의 한영이 전하였다고 하는
시경(詩經). 오늘날은 일부분만 전한다.

풀이가 틀렸다. 『시경』이 아니라 『시경』의 해설서다.
내전內傳과 외전外傳이 있었다고 하는데 현재는 외전만 전
한다. 이처럼 출처가 없어 궁금증을 자아내거나 풀이가 불
충분해서 맞았는지 틀렸는지 알 수 없는 경우가 꽤 된다.

육행(六行) 여섯 가지 덕행(德行). 효도, 형제 우애, 친족
화목, 외척 친목, 친구 간의 믿음, 구휼을 이른다.

특별한 항목을 몇 개로 묶어 숫자로 나타낸 한자어가
꽤 많다. 여기에 제시한 낱말이 그런 경우다. 중국의 경서經
書인 『주례』周禮 「대사도」大司徒 편을 보면 사람들을 가르치
기 위한 방도로 삼물三物, 즉 육덕六德, 육행六行, 육예六藝를
제시해 놓았다. 다음 낱말을 보자.

삼물(三物) 백성을 가르치는 세 가지 일. 곧 육덕(六德),

육행(六行), 육예(六藝)를 이른다.

여기도 역시 출처는 밝혀 놓지 않았다.

육덕(六德) 『철학』=육원덕(六元德).

육원덕(六元德) 『철학』사람으로서 갖추어야 할
여섯 가지 도의(道義). 지(知), 인(仁), 성(聖), 의(義),
충(忠), 화(和)를 이른다. 중국 주나라 때 지관(地官)
대사도(大司徒)가 국민 교육의 필수로서 가르친 것이다.
≒육덕(六德)

육예(六藝) 고대 중국 교육의 여섯 가지 과목. 예(禮),
악(樂), 사(射), 어(御), 서(書), 수(數)를 이른다.

'육원덕'과 '육예'는 고대 중국에서 사용한 개념이라
고 밝혀 놓았다. 그런데 '육예' 중 다른 것들은 한자로 되어
있어도 대충 뜻을 알겠는데, '어'는 무얼 말하는지 이해할
사람이 얼마나 될까? 특히 한자어에 취약한 요즘 사람들은
설명 없이 한자만 나열해 놓으면 뜻을 파악하기 어렵다. 가
능하면 쉬운 말로 풀어 주어야 한다.

구사(九思) 군자가 항상 명심하여야 할 아홉 가지
일. 이에는 명백히 볼 것, 총명하게 들을 것, 부드러운
안색을 가질 것, 공손한 몸가짐을 할 것, 믿음이 있는
말만 할 것, 일을 공경하고 삼갈 것, 의심이 나는 것을
물을 것, 분한 일을 당했을 때 사리를 따져 생각할 것,
이득을 보았을 때 의를 생각할 것이 있다.

역시 출처는 없으나 뜻은 자세히 풀어 주었다. 『논어』
에 나오는 말로, 고려대 한국어대사전에는 출전이 나와
있다.

오청(五聽) 예전에, 판관이 소송을 듣고 옳고
그름을 판단하던 다섯 가지 기준. 사청(辭聽)은 말이
번거로우면 옳지 않다는 증거에 해당하는 것이고,
색청(色聽)은 옳지 않으면 얼굴이 빨개짐을 뜻하고,
기청(氣聽)은 진실이 아닐 때에 숨이 헐떡거리는 것을
가리키고, 이청(耳聽)은 곧잘 말을 잘못 알아듣게 되면
거짓일 가능성이 많은 것을 뜻하고, 목청(目聽)은
진실이 아닐 때에 눈에 정기가 없음을 뜻한다.

이 말도 『주례』 「소사구」小司寇 편에 나온다. 우리도 이런 기준을 받아들여 사용했으나 중국에서 비롯된 방법이다. 이 밖에도 『주례』에서 가져온 것이 많은데, 다음 낱말들도 마찬가지다.

삼유(三宥) 『역사』 1. 중국 주나라에서, 죄를 용서해 주던 세 가지 조건. 불식(不識), 과실(過失), 유망(遺忘)이다.
삼사(三赦) 『역사』 죄를 용서받을 수 있는 세 가지 조건에 해당하던 사람. 7세 이하의 어린이, 80세 이상의 노인, 정신 장애인을 이른다.
삼자(三刺) 『역사』 사형수의 죄상을 수사하던 세 가지 방법. 모든 신하에게 묻고, 모든 벼슬아치에게 묻고, 모든 백성에게 묻는 것을 이른다.

'삼유'만 중국을 거론했고, 나머지는 그런 말이 없다. 그러면 우리 고유의 사법 절차였던 것으로 오해할 수 있다.

다음은 표준국어대사전에 나오는 모임들이다.

학사회(學士會) 학사들로 이루어진 모임.

여학사회(女學士會) 학사 학위를 가진 여성들로
이루어진 모임.

계주연회(戒酒煙會) 음주와 흡연을 그만두기로 결심한
사람의 모임.

경음회(競飮會) 술 따위를 많이 마시기를 겨루는 모임.

화수회(花樹會) 같은 성을 가진 사람들이 친목을 위하여
이룬 모임이나 잔치.

진솔회(眞率會) 검소하고 소박하며 귀천을 따지지
아니하는 허물없는 술자리 모임.

고려대 한국어대사전에는 '학사회', '여학사회', '계주연회', '경음회'는 없고, '진솔회'와 '화수회'는 있다. 학사회나 여학사회 같은 모임은 요즘처럼 대학 진학이 일반화되지 않았을 때 있었을 법도 하다.

찾아보니 화수회는 중국 고사에서 유래한 것으로, 당나라 때 위韋씨 성을 가진 사람들이 화수花樹 아래 모여 놀았다고 해서 생긴 말이다. 그게 우리나라로 전해져 지금도 더러 화수회라는 이름을 사용하는 친족 집단이 있다. 진솔회 역시 중국에서 건너온 것으로 조선 시대에 두루 사용됐던 말이다.

화수회가 나온 김에 비슷한 성격의 '종친회'라는 말을 보자.

종친회(宗親會) 성과 본이 같은 일가붙이끼리 모여서 하는 모꼬지.

특이하게도 '모임'이라는 말 대신 '모꼬지'라는 말을 썼다. 고유어를 쓴 건 기특하나 뜬금없고 생소하다는 느낌이 앞선다. 모꼬지의 뜻풀이는 '놀이나 잔치 또는 그 밖의 일로 여러 사람이 모이는 일'인데, 종친회는 모임보다는 친족들의 단체를 가리킬 때 주로 쓰기 때문이다.

'모임'의 낱말 풀이는 어떻게 되어 있을까?

모임 어떤 목적 아래 여러 사람이 모이는 일.

모임 1. (기본의미) 어떤 목적을 위해 여러 사람이
자리를 함께 하는 일.

2. 같은 목적을 가진 사람들이 모여서 만든 조직.

표준국어대사전에는 2번의 풀이가 빠져 있다. 이번에
는 접미사로 쓰이는 '―회'會의 풀이를 표준국어대사전에
서 살펴보자.

―회(―會) (일부 명사 뒤에 붙어) 1. '단체'의 뜻을
더하는 접미사. 예: 부인회, 청년회, 노인회.

2. '모임'의 뜻을 더하는 접미사. 예: 송별회, 환송회,
환영회.

'단체'와 '모임'은 같은 뜻으로 겹쳐 쓰기도 하지만, 성
격이 좀 달라서 풀이도 나눠서 했다. 모임에 비해 단체는
목적성과 공식성이 강한 편이라고 하겠다. 그런데 단체의

뜻을 지닌 말로 예를 든 세 낱말의 풀이가 이상하다.

부인회(婦人會) 어떤 목적을 가지고 부인들이 조직한
단체. 수양, 오락, 연구, 사회적 봉사 따위를 목적으로
한다.
청년회(靑年會) 수양, 친목, 사회봉사 따위의 목적을
위하여 조직된 청년들의 모임.
노인회(老人會) 노인들로 구성된 모임.

‘―회’의 풀이에서는 셋 다 단체로 예를 들었는데, 해
당 낱말의 풀이에서는 ‘부인회’만 단체로 풀고 ‘청년회’와
‘노인회’는 모임으로 풀었다.

연구회(硏究會) 연구를 목적으로 토론하고 의견을
교환하기 위하여 모이는 모임이나 단체.
약사회(藥師會) 약사(藥事)에 관한 연구와 약사 윤리의
확립을 위하여 설립한 약사의 모임.
학부모회(學父母會) 『교육』학교를 중심으로 학부모와
교사로 이루어진 모임. 또는 그 회의.

'연구회'는 '모임이나 단체', '약사회'는 '모임', '학부모회'는 '모임, 또는 그 회의'라고 풀었다. 약사회와 학부모회를 '모임'으로 푸는 게 적합할까? '단체나 조직 혹은 기구'라고 풀어야 하지 않을까? 그리고 '학부모회' 풀이 중에 '학부모와 교사로 이루어진'이라는 부분은 잘못됐다. 학부모회는 오로지 학부모로만 이루어지며, 교사는 운영에 간여할 수 없다.

　다음 낱말들의 풀이는 어떻게 봐야 할까?

운동회(運動會) 여러 사람이 모여 여러 가지 운동
경기를 하는 모임.

연주회(演奏會) 음악을 연주하여 청중에게 들려주는
모임.

시식회(試食會) 음식의 맛이나 요리 솜씨를 보려고
시험적으로 먹어 보는 모임.

사인회(sign會) 작가나 연예인이 자기의 책이나 영화,
음반 따위를 홍보하기 위하여 사람들에게 서명하여
주는 모임.

전시회(展示會) 특정한 물건을 벌여 차려 놓고 일반에게
참고가 되게 하는 모임.

이런 것들은 '모임'이라기보다 '행사'라고 봐야 한다. '회'會가 '모이다'라는 뜻이라 전부 '모임'으로 풀었겠지만, 지나치게 단순하고 기계적인 적용이다. '전시회' 풀이에서 '일반에게 참고가 되게 하는 모임'이라고 한 것도 어색하고 부실하다. 전시회라고 하면 주로 그림 전시회를 떠올리지만 물품 전시회 등 다양한 형태가 있을 수 있다. 그러므로 '특정한 물건을 벌여 차려 놓고 관람객에게 감상이나 정보 제공, 판매 등을 하기 위한 행사' 정도로 풀어 주어야 한다.

연설회(演說會) 연설하는 모임.
경마회(競馬會) 경마를 하기 위한 모임.

'연설회'는 표준국어대사전과 고려대 한국어대사전의 풀이가 같은데, 이처럼 무성의하게 풀어도 되는 건지 모르겠다. '특정한 목적이나 주제를 가지고 청중을 모아 의견이나 주장을 펼치는 행사' 정도로 풀어 주는 게 좋겠다. '경마회'의 풀이는 더 이상하다. 표준국어대사전에만 있는 말인데, 뜻을 이해하기가 쉽지 않다. 경마를 하려고 기수들이 모인 건지, 경마장에 관객이 모인 건지 알 수 없다. 그렇다고 경마 단체를 가리키는 것 같지도 않으니 참 이상한 풀이라고 하지 않을 수 없으며, 실제로 쓰이는 말인지도 모르겠다.

중창단(重唱團) 중창을 하는 사람들의 모임.
중창단(重唱團) 중창을 하는 사람들로 구성된 단체.

표준국어대사전은 '모임'이라는 말을 정말 좋아하는 모양이다.

모임이건 단체건 책임을 맡는 사람들이 있기 마련인데, 특이한 직책명을 보았다.

두루빛 어떤 모임이나 단체에서 총무의 일을 맡아보는 사람.

어느 단체에서 총무를 '두루빛'이라고 할까? 검색해 보니 우리말을 사랑하는 모 단체에서 회장을 '으뜸빛', 총무를 '두루빛'으로 부르자고 한 모양이다. 고유어를 되살려 쓰자는 취지이겠지만 너무 억지스러운 말로 보인다. 그런데 표준국어대사전에 두루빛만 싣고 으뜸빛은 뺐으니, 전국에 있는 수많은 단체의 회장들이 좀 서운하긴 하겠다.

이어서 특별한 모임 몇 개를 알아보자.

화요회(火曜會)『문학』프랑스의 시인인 말라르메의
집에서 매주 화요일에 이루어지던 시인, 화가, 음악가의
문학적 모임.

'화요회'라고 하면 1924년 서울에서 조직되었던 사회주의 단체를 떠올리는 사람들이 있을 텐데, 조선공산당 창립에 주도적인 역할을 한 단체다. 말라르메의 화요회는 프랑스에서 펴낸 웬만한 백과사전에도 잘 안 나오는 말이라고 한다. 어쨌거나 말라르메의 화요회를 실었으면 우리나라의 화요회도 함께 실었어야 한다.

기로회(耆老會)『역사』고려 고종 때에,
유자량(庾資諒)이 퇴직한 재상들과 만들었던 불교
교유(交遊) 단체.

고려 시대에 '기로회'라는 이름의 모임이 여러 개 있

었는데, 유자량이 만든 기로회만 있었던 것처럼 서술했다. 고려 신종 때에 문하시랑동중서문하평장사門下侍郎同中書門下平章事에서 물러난 최당崔讜을 중심으로 기로회를 만들었다는 기록이 있다. 그리고 기로회는 벼슬에서 물러난 사람들끼리 만든 친목 모임으로, 유자량이 중심이 된 기로회는 불경을 공부하기도 했지만 모든 기로회가 불교와 관련을 맺은 건 아니다.

대중회(大衆會) 『운동』 여러 사정(射亭)이 활터로 모두 모이는 모임.
사정(射亭) 활 쏘는 사람들이 무예 수련을 위하여 활터에 세운 정자.

'사정'이 활터로 모인다는 게 이상하다. 고려대 한국어대사전에는 이렇게 되어 있다.

사정(射亭) 1. 활터에 세운 정자.
2. 활쏘기를 취미로 삼는 사람들의 모임.

표준국어대사전에서는 왜 2번 풀이를 빼먹었는지 모

르겠다.

난정회(蘭亭會) 『역사』 중국 진(晉)나라 때, 왕희지,
손탁(孫綽), 사안(謝安) 등 41명이 산음(山陰) 난정에서
계연(禊宴)을 베풀며 시를 지어 읊은 모임. 목제(穆帝)
영화(永和) 9년(353) 3월 3일에 열린 이 모임에서 쓴
시를 모아 왕희지가 서문을 쓰고 『난정집서』라고
하였다. ≒난정의 모임
난정(蘭亭) 『역사』 중국 저장성(浙江省)
사오싱시(紹興市) 서남쪽의 란주(蘭渚)에 있던 옛
정자(亭子).

이런 말들을 표제어에 올려야 하는지는 모르겠으나,
기로회에 비해 너무 친절하다는 생각이 든다. '난정회'의
풀이 중에 '손탁'은 '손작'으로 읽어야 하며, '계연'이라는
말은 표제어에 없다. 도대체 뭘까 싶어 난정회에 대한 다른
자료를 찾아보니 '불계'祓禊를 행했다고 되어 있다.

불계(祓禊) 신에게 빌어 재액을 떨어 버림. 또는 그
제사.

108

참 어려운 말이다.

어산회(魚山會) 범음성(梵音聲), 인도(引導) 소리, 가영
따위를 하는 사람들의 모임.

두 사전이 똑같이 풀이하고 있는데, 문제가 심각하다.
'범음성'과 '인도 소리'가 표제어에 없고, '가영'이라는 말
에 한자 표기가 없으니 무슨 뜻인지 알 길이 없다. 고려대
한국어대사전 풀이에는 한자 표기가 있는데, 다음 낱말의
2번 풀이에 해당한다.

가영(歌詠) 1. 시가를 읊음.
2.『음악』범패의 하나. 부처를 찬미하는 내용으로,
범패승이 독창한다.

'범음성'에서 '범음'은 석가여래의 공덕을 찬미하는
노래인 '범패'梵唄의 비표준어다. 그러므로 범음성은 범패
소리를 가리키는 말임을 알 수 있다. '인도 소리'는 더 난해
한데, '引導'가 아닌 '印度'를 사용한 '인도소리'라는 표제어

가 있고 역시 범패의 비표준어라고 나온다. 한자 표기가 잘못된 게 틀림없다. 결국 범음성, 인도 소리, 가영은 모두 범패를 가리키는 말인데 왜 저리 혼란스럽게, 그것도 엉터리 표기로 풀이를 달아 놨는지 이해하기 어렵다.

'어산회'를 찾아보니 약 100년 전부터 양산의 통도사와 부산의 범어사에서 범패를 하는 승려들이 조직한 모임이라고 한다. 이 어산회에 속한 사람들이 영산재라는 의식을 행했다고 하는데, 표준국어대사전에 나오는 '영산재'의 풀이를 보자.

영산재(靈山齋)『불교』죽은 사람을 위한 재. 보통 사흘이 걸린다. 2009년에 유네스코 세계 무형 유산으로 지정되었다. 국가 무형 문화재 제50호.

무척 간단하게 되어 있는데, 고려대 한국어대사전에는 이렇게 나온다.

영산재(靈山齋)『불교』불교의 영혼 천도 의례 가운데 가장 대표적인 재. 국가의 안녕과 군인들의 무운 장구(武運長久), 큰 조직체나 죽은 자를 위해서 행하며, 3일이나 걸리는 대규모의 재인 만큼 그 곡목 수도 상당히 많다. 1973년 11월 5일 중요 무형 문화재 제50호로 지정되었고, 2009년 9월 30일 유네스코 세계 무형 문화유산으로 등재되었다.

'국가의 안녕과 군인들의 무운 장구, 큰 조직체나 죽은 자를 위해서 행하며'라는 부분이 호국불교를 연상하게 한다. 다음은 문화재청의 '국가문화유산포털' 사이트에 나온 영산재의 소개글 중 일부다.

영산재는 49재(사람이 죽은 지 49일째 되는 날에 지내는 제사)의 한 형태로, 영혼이 불교를 믿고 의지함으로써 극락왕생하게 하는 의식이다. 예전에는 사흘 낮과 밤에 걸쳐 이루어졌으나 근래에는 규모가 축소되어 하루 동안 이루어진다.
영산재는 전통문화의 하나로, 살아 있는 사람과 죽은 사람 모두 부처님의 참진리를 깨달아 번뇌와 괴로움에서 벗어날 수 있는 경지에 이르게 하고 공연이 아닌 대중이 참여하는 장엄한 불교의식으로서 가치가 있다.

여기에서 설명하는 것처럼 영산재는 본래 죽은 이의 49재에 맞춰 영혼의 천도를 위해 행하던 의식이었다. 그런데 왜 고려대 한국어대사전과 같은 풀이가 나왔을까?

영산재를 거행하는 곳이 몇 군데 있는데, 그중에서 국가 무형 문화재로 지정된 건 서울 봉원사의 영산재보존회 주관으로 치르는 행사다. 영산재보존회 홈페이지에서 영산재를 소개한 구절의 한 대목을 보자.

영산재(靈山齋)는 공연이 아닌 장엄한 실재의
불교의식임을 알고 삶과 죽음으로 갈라진 우리
모두가 불법 가운데 하나가 되어 다시 만날 것을
기원하고 이로써 세계 평화와 남북통일이 성취되기를
염원하며 부처님 전에 행하는 최대 최고의 장엄한
불교의식입니다.

뒷부분에 '세계 평화와 남북통일이 성취되기를 염원하며'라는 구절이 나온다. 현재 영산회는 죽은 이의 49재에 맞춰 행하는 게 아니라, 매년 특정한 날짜에 정례 행사로 치르거나 특별한 계기가 있을 때 행한다. 그러다 보니 종교 의례에서 벗어나 점차 보여 주기 식 공연의 성격을 띠게 되었다. 더구나 영산재를 행하는 날이 현충일인 6월 6일이다 보니, 고려대 한국어대사전의 풀이처럼 '국가의 안녕과 군인들의 무운 장구'를 비는 행사처럼 비치게 되었다. 애초의 성격이 변질된 셈이다. 2002년에는 한일월드컵과 아시안게임 성공 개최를 기원하는 영산재를 거행했고, 2010년에는 G20 정상회담 성공 개최를 위한 공연도 했으니, 국가주의에 기울었다는 혐의마저 받을 소지가 있다.

봉원사의 영산재보존회에서는 '오직 대한민국 중요 무형 문화재 제50호 봉원사 영산재보존회만이 봉행하고 있음을 부언합니다'라고 하는데, 이 또한 스님답지 않게 영산재를 독점하고픈 욕망을 드러낸다. 통도사와 범어사 스님들이 거행하는 부산 영산재가 부산광역시 무형 문화재 제9호로 따로 지정되어 있으며, 지금도 해마다 공연을 하고 있다. 덜 알려지긴 했지만 경남 창원의 불모산 영산재도 있다.

이번에는 표준국어대사전에서 군사 용어로 분류한 낱말들을 살펴보자.

추격전(追擊戰) 『군사』도망가는 적을 뒤쫓으며 하는 싸움.

분류 항목을 '군사'라고 해 놓고 전투 개념으로만 풀었다. 이에 반해 고려대 한국어대사전은 다음과 같이 풀고 있다.

추격전(追擊戰) 1. 달아나는 사람이나 집단을 쫓아가서 치는 일을 전투에 비유하여 이르는 말.
2. (기본의미) 『군사』 전승(戰勝)의 효과를 완전히 하기

위하여, 도망가는 적을 뒤쫓으며 공격하는 전투.

1번 풀이처럼 운동 경기를 할 때나 바둑을 둘 때, 혹은 경찰이 범인을 잡기 위해 쫓아갈 때도 추격전이라는 말을 쓴다.

다음은 표준국어대사전에 '추격전'과 함께 실려 있는 낱말이다.

대추격전(大追擊戰) 후퇴하는 적을 쫓아가서 크게
공격하는 전투.
맹추격전(猛追擊戰) 몹시 사나운 기세로 쫓아가서
공격하는 활동. 운동 경기 따위에서 뒤지는 편이 이기는
편을 따라잡기 위한 활동 따위를 이른다.

'대추격전'에는 '군사'라는 분류 항목이 없으나 풀이는 '추격전'과 비슷하다. '맹추격전' 역시 '군사'라는 분류 항목은 없으며, 여기서는 그래도 뒤에 '운동 경기 따위에서'라는 내용을 덧붙였다. 맹추격전만 운동 경기에서 가능하고 추격전과 대추격전은 가능하지 않다는 말인지 참 알 수 없는 노릇이다.

대리전쟁(代理戰爭) 강대국들이 자신들의 이익을 위하여 다른 두 나라 사이의 싸움에 개입하여, 전쟁을 하는 나라들이 마치 강대국을 대신하여 전쟁하는 것처럼 보이는 상황을 이르는 말.

표준국어대사전에 나오는 말인데, '대리전쟁'의 줄임 말인 '대리전'은 표제어에 없다. 고려대 한국어대사전에서는 대리전을 다음과 같이 풀고 있다.

대리전(代理戰) 1. (기본의미) 분쟁의 당사국이 직접 전쟁을 하지 않고 동맹국이나 영향력을 받는 나라로 하여금 대신 상대편 나라와 싸우도록 하여 일어나는 전쟁. 제이차세계대전 이후에 많이 쓰이게 된 용어이다. 2. 분쟁의 당사자들을 대신하여 그와 이해관계를 같이하거나 그의 영향력을 받는 제삼자들끼리 일으키는 분쟁.

일상 언어생활에서는 대리전쟁보다 대리전을 더 많이 쓰고, 전쟁이 아닌 개인이나 집단 간 분쟁에도 대리전이라는 말을 쓴다는 사실에 비추어 표준국어대사전이 '대리전'을 싣지 않은 건 문제라고 할 수 있다.

표준국어대사전에 나오는 낱말을 몇 개 더 보자.

공격전(攻擊戰) 『군사』 적을 공격함으로써 벌이는 싸움.
반공격전(反攻擊戰) =반공전(反攻戰).
반공전(反攻戰) 반공을 하는 싸움.

'반공격전'이나 '반공전'이라는 말을 누가 쓰는지 모르겠다. 고려대 한국어대사전에는 실려 있지 않다. '공격전'을 '군사' 항목으로만 다룬 게 아쉽고, '반공전'의 풀이는 어이없을 정도다. 풀이에서 '반공'에 한자 표기가 없어 자칫하면 공산주의를 반대하는 싸움으로 오해할 소지가 크기 때문이다. 반공격전이나 반공전 대신 '반격전'이라는 말을 많이 쓰는데, 그나마 반격전이 따로 표제어에 있다는 걸 위안으로 삼아야 할 것 같다.

표준국어대사전을 살피다 보면 꼭 있어야 할 낱말이 없는 경우가 허다하다. 표준국어대사전에는 없고 고려대 한국어대사전에만 있는 낱말이다.

난타전(亂打戰) 서로 심하게 비난하고 헐뜯으며
다투는 일.

'난타전'을 표제어로 올린 건 잘한 일이지만 풀이에서
는 아쉬움이 남는다. 말싸움을 지칭하는 내용으로만 풀었
는데, 권투에서 서로 치고받거나 야구에서 서로 안타를 많
이 치는 경우에도 난타전이라는 말을 쓴다는 내용을 덧붙
였어야 한다.

표준국어대사전에는 운동 경기에서 많이 사용하는
투수전, 타격전, 수비전, 공격형, 수비형 같은 낱말도 실려
있지 않다. 이 중에 수비전과 수비형은 고려대 한국어대사
전에도 없다.

사진^정보(寫眞情報) 『군사』항공 사진 따위의 사진
자료를 분석하여 얻는 군사 정보.
사진^판독(寫眞判讀) 『군사』군사 관련 첩보 사진이나
항공 사진 따위를 연구·분석하는 일. 군사 작전을
계획하고 수립하는 데 가치 있는 자료를 얻기 위한
것이다.

표준국어대사전에만 있는 이 낱말들이 과연 군사 용어로만 쓰이는 걸까? 다른 말들을 더 보자.

잠재적^위협(潛在的威脅) 『군사』 현재는 나타나지 않지만, 정책 따위의 변화에 따라 자국에 위협을 줄 수 있는 다른 나라의 군사 능력.

심리전(心理戰) 『군사』 명백한 군사적 적대 행위 없이 적군이나 상대국 국민에게 심리적인 자극과 압력을 주어 자기 나라의 정치·외교·군사 면에 유리하도록 이끄는 전쟁. ≒심리 전쟁

이 풀이는 정도가 더 심하다. 군사 용어로만 뜻을 풀고 다른 분야나 일상생활에서 쓰는 용법에 대한 풀이는 전혀 없다. 심리전 같은 말은 운동 경기에서도 많이 쓰인다. 다음 낱말들은 또 어떨까?

대연습(大演習) 『군사』 대규모의 병력과 장비를 동원하여 벌이는 군사 연습.

야외^연습(野外練習) 『군사』 전쟁 상황을 가상하여 야외에서 실시하는 군사 연습.

야외^훈련(野外訓鍊) 『교육』 =교외 훈련.

교외^훈련(校外訓鍊) 『교육』 학교 밖에서 학생들이
실제적인 활동을 통하여 일정한 목표에 이르도록
하는 일.

'대연습'과 '야외연습'은 군사 용어이고, '야외훈련'은
교육 용어라는 것도 참 우습다. 요즘 학교에서는 야외훈련
이라는 말 자체를 쓰지 않는다. 학교에 소속된 운동부라면
몰라도. 학교에서는 주로 '야외학습'이라는 말을 쓰는데
이 말은 표제어에 없다.

보호^구역(保護區域) 『군사』 군사 시설을 보호하고
작전을 원활하게 하기 위하여 설정한 지역.

통제^보호^구역(統制保護區域) 『군사』 해군에서, 기지를
안전하게 지키기 위하여 설정한 구역.

이것도 참 난감하다. '보호구역'이 군사 용어이고, '통
제보호구역'은 해군에서 쓰는 용어라는데, 왜 이리 낱말을
특정 울타리 안에 가두어 두려는 걸까? 보호구역 말고 '보
호구'라는 말도 표제어에 있긴 하다.

보호구(保護區) 『법률』 일정한 목적 아래 무엇을
보호하도록 법적으로 지정한 구역.

동물^보호구(動物保護區) 『법률』 자연 상태에서 동물을
보호하고 늘리기 위하여 법적으로 설정한 구역.

산림^보호구(山林保護區) 『법률』 국가에서 특별히
산림을 보호하도록 정한 구역.

조수^보호구(鳥獸保護區) 『법률』 야생 동·식물
보호법에 의거하여 수렵이 금지되어 있는 구역.
산림청장이나 도지사가 필요에 따라 설정한다.

이번에는 모두 법률 용어라고 해 놓았다. 그럴 수도 있
다고 생각하지만, 이런 식으로 용어를 한정해 놓으면 법률
에 없는 보호 지역은 어떻게 되는 걸까? '어린이보호구' 혹
은 '어린이보호구역' 같은 건 아무리 찾아도 표제어에 없으
니 참 답답한 일이다.

마지막으로 군대에서 사용하는 간단한 낱말 하나만
보자.

문어(問語) 『군사』 암구호(暗口號) 따위에서, 상대편이

적인지 아군인지 확인하기 위하여 묻는 약정된 말.

암구호는 문어와 답어로 이루어져 있는데, '답어'答語는 고려대 한국어대사전에만 올라 있고 표준국어대사전에는 없다. 어디로 갔을까? 군 작전 중에 답어를 대지 못하면 총알이 날아올 수도 있는데!

우선 표준국어대사전에 나오는 다음 낱말들을 보면서 시작하자.

수박(手搏) 1. =수격(手格, 주먹을 불끈 쥐고 침).

2.『운동』우리나라 전통 무예의 하나. 주로 손을 써서 상대를 공격하거나 수련을 한다.

수박희(手搏戱)『운동』=택견.

박희(搏戱)『운동』손과 발로 친다는 뜻으로, '태권도'를 달리 이르는 말.

각희(脚戱)『운동』=택견.

'수박'과 '수박희'는 같은 말이다. 그런데 수박희는 택견과 같은 말이라고 해 놓고 수박에는 그런 설명이 없다.

'박희'를 태권도로 풀이한 것도 이상하다. 태권도는 일본 무술인 가라테와 우리 전통 무예인 택견에서 동작을 따와 만든 현대 무예 내지는 스포츠라는 게 정설이다. 그러니 박희와 같은 한자어를 쓸 이유가 없고, 대한태권도협회와 국기원의 홈페이지나 용어 해설집에서도 이런 용어는 찾아볼 수 없다. 박희는 그리 많이 쓰이는 용어는 아니지만 수박희와 같은 뜻으로 보는 게 타당하다.

'각희'를 택견으로 본 것도 이상하다. 국어사전에서만 그렇게 볼 뿐이고 옛 문헌에서는 찾아보기 힘들다. 각희는 씨름을 가리키던 말이다. 표준국어대사전과 고려대 한국어대사전에서 똑같이 '각희'脚戲를 택견이라 하고 씨름은 '각희'角戲라고 풀었다. 씨름의 한자 표기로 '角戲'를 쓰기도 하지만 '脚戲'도 함께 썼다. 일제 강점기에 나온 신문 기사를 보면 단오절에 행한 씨름 놀이를 일러 "脚戲를 했다"고 쓴 경우가 무척 많으며, 오히려 '角戲'라고 쓴 경우는 극히 드물다. 택견을 '각희'脚戲로 표기한 문헌이 있을 수도 있겠으나, 그렇다면 풀이에 씨름을 뜻하는 말이라는 내용도 병기하는 것이 옳다.

수박 혹은 수박희와 택견이 같은 것이냐에 대한 논란이 많다. 수박은 말 그대로 주로 손을 사용하는데, 택견은

발놀림을 주로 하기 때문이다. 그래서 둘을 다른 것으로 보는 사람도 있으며, 수박은 다른 말로 '수벽치기'라고도 한다(이 낱말은 표제어에 없다). 고구려 시대부터 시작된 수박이 조선 시대를 거치면서 택견으로 발전했을 것이라고 보는 사람이 많고, 그래서 국어사전에서는 둘을 같은 것으로 해석했으나 논란의 여지가 있다.

택견을 어떻게 풀고 있는지 알아보자(택견과 태껸은 복수 표준어다).

택견 『운동』 우리나라 고유의 전통 무예 가운데 하나. 유연한 동작을 취하며 움직이다가 순간적으로 손질·발질을 하여 그 탄력으로 상대편을 제압하고 자기 몸을 방어한다. 2011년 유네스코 세계 무형 유산으로 지정되었다. 국가 무형 문화재 제76호. ≒각희(脚戲)·수박희·태껸

택견 『체육』 우리나라 고유의 전통 무예의 한 가지. 발로 품자(品字)를 밟으면서 몸을 유연하게 움직이며 팔을 상하좌우로 흔들고 앉았다 일어섰다 하며 상대방을 공격하는 무술이다. 1983년 6월 1일 중요 무형 문화재 제76호로 지정되었으며,

2011년 유네스코 세계 무형 유산으로 지정되었다.

늑각희(脚戱)·수박희(手搏戱)·태견

거의 같은 뜻으로 풀었는데, 고려대 한국어대사전에 '발로 품자를 밟으면서'라는 표현이 눈에 띈다. 택견에서는 '품밟기'라는 걸 무척 중요하게 여긴다. '품밟기'가 고려대 한국어대사전에는 없고, 표준국어대사전에 있다.

품^밟기 『운동』 택견에서, 먹이를 덮치는 맹수의 앞발처럼 매서우면서도 보기에 우습게 발을 움직이는 기술.

'먹이를 덮치는 맹수의 앞발처럼 매서우면서도'라는 표현을 어디서 가져왔는지 모르겠다. 택견 관련 단체 등에서 설명한 '품밟기'를 아무리 뒤져도 그런 표현이 안 보이고, 고려대 한국어대사전의 '택견' 풀이에 나오는 '발로 품자를 밟'는 자세라는 얘기만 공통적으로 나온다. '品'이라는 한자의 모양처럼 발로 세 꼭지를 번갈아 밟는다고 해서 나온 말이다. 맹수의 앞발 같은 근거가 모호한 설명 대신 한자의 '品'과 관련된 설명을 해 주어야 하며, 표제어 표기에도 한자를 병기해야 한다.

이번에는 태권도와 관련한 낱말들을 알아보자.

정권(正拳)『운동』태권도에서, 주먹 쥔 손의 손등과
직각을 이루는 네 손가락의 마디 부분.

'정권'은 중국 무술이나 일본 가라테 등에서도 사용하
는 말이다. 그리고 네 손가락이 아니라 검지와 중지 부분만
가리킨다. 지금도 태권도장에서는 '정권 지르기'라는 말을
사용한다. 그런데 어쩐 일인지 세계태권도본부인 국기원
이 제공하는 『태권도 기술용어집』에는 '정권'이라는 용어
가 나오지 않는다. 표준국어대사전에만 있을 뿐 고려대 한
국어대사전에도 없다. 왜 그런지 정확한 이유는 모르겠으
나 가능하면 한자 용어를 안 쓰려고 그런 게 아닌가 싶다.
『태권도 기술용어집』에는 등주먹, 메주먹, 밤주먹, 집게주
먹, 편주먹 등이 나온다. 이 가운데 '등주먹'과 '집게주먹'
이 표준국어대사전에 올라 있다.

등주먹『운동』태껸에서, 주먹 쥔 손등의 집게손가락과
가운뎃손가락의 관절 부분.

집게주먹 『운동』 태껸에서, 집게손가락의 가운데
관절이 다른 손가락들보다 볼록 나오게 쥔 주먹.

둘 다 태껸 용어로만 풀었는데, 태껸과 태권도는 엄연
히 다르다. 따라서 '태껸에서'가 아니라 '태껸 등에서' 혹은
'태껸과 태권도에서'라고 풀어 주어야 한다. 풀이를 볼 때
등주먹이 앞에서 소개한 정권과 흡사하다. 용어집을 만들
면서 '정권'을 버리고 '등주먹'을 쓰기로 한 것인지는 정확
히 모르겠다.

밑주먹 『운동』 태권도나 태껸에서, 주먹 쥔 손의
새끼손가락 아래의 살이 도톰한 부분.

표준국어대사전에만 나오는 말인데, 이번에는 '태권
도나 태껸에서'라고 풀이했다. 하지만 『태권도 기술용어
집』에는 안 나오는 용어다.

굴러^차기 『운동』 태권도에서, 발 기술의 하나. 앞발을
힘주어 올렸다 내리면서 몸을 공중에 띄운 다음 올렸다
내린 발로 앞차기, 옆차기, 돌려차기 따위를 한다.

반달차기(半———)『운동』태권도에서, 앞차기와
앞돌려차기의 중간 지점을 차는 발 기술. 발로 반원을
그리며 찬다.

　　두 낱말의 풀이에 '돌려차기'와 '앞돌려차기'라는 말
이 나온다. 하지만 표제어로는 올라 있지 않다. 앞돌려차
기야 그렇다 쳐도 흔히 쓰는 돌려차기가 표제어에 없다는
건 이해하기 어렵다.『태권도 기술용어집』에는 분명히 돌
려차기가 있으며, 앞돌려차기 대신 '앞축 돌려차기'라는
용어가 나온다.
　　『태권도 기술용어집』은 몇 차례 개정됐는데, 가장 최
근 개정된 것이 2010년도다. 표준국어대사전이 그 전에 만
들어졌으니 변화한 용어를 반영하지 못했을 수도 있다. 그
럼에도 돌려차기를 싣지 않은 건 이상하다. 일상에서도 많
이 쓰는 말이기 때문이다.

손^기술(—技術)『운동』씨름에서, 손을 사용하여
상대편을 공격하는 기술.
손 기술(—技術)『체육』씨름이나 태껸 따위에서, 손을
써서 상대를 제압하는 기술.

표준국어대사전에서 '손기술'을 씨름에서 사용하는 기술로만 풀이한 건 문제가 있다. 한편 손기술이 있다면 '발기술'도 있어야 마땅하지만 두 사전 모두 싣고 있지 않다. 앞에서 소개한 '굴러차기'와 '반달차기'의 뜻풀이에도 분명 '발기술'이라는 말이 나오는데 말이다. '발재간'이 표제어에 있긴 하지만 '발기술'도 흔히 쓰는 말이니 당연히 실어야 한다. 그래야 '손기술'과 형평에 맞는다.

> **드린백**(−−bag) 『운동』 태권도에서, 허리의 힘을
> 단련하는 데 쓰는 도구. 큰 주머니에 모래와 톱밥을 넣어
> 허리에 달아맨다.

이런 말을 쓰는 사람을 보지 못했고, 『태권도 기술용어집』에도 당연히 없다. 표준국어대사전에만 실려 있는 이 말이 어디서 왔는지 모르겠다.

태권도에서는 15세 미만의 수련생에게 단段이라는 말 대신 품品이라는 말을 쓴다. 그런데 이 말을 태권도 용어로 풀어놓은 국어사전이 없다. 대신 고려대 한국어대사전에 '품띠'라는 말이 올라 있다.

품띠(品—)『체육』태권도의 단급 제도에서, 15세 미만의 유단자에게 두르게 하는 띠. 띠의 길이를 따라 반분하여 절반은 빨간색, 나머지 절반은 검은색으로 만든다.

표준국어대사전 표제어에 '유도복', '검도복'은 있으나 '태권도복'은 없다는 말을 덧붙인다.

10. 음식 이름

추석 하면 송편이 떠오른다. 송편도 가지각색인데, 표준국어대사전에 특이한 낱말이 보인다.

계란송편(鷄卵松—) 『북한어』 '계란송병'의 북한어.

계란송병(鷄卵松餅) =알송편.

'송병'보다는 '송편'이 일상에서 주로 쓰는 말인데, '계란송편'을 북한어로 처리한 게 마음에 걸린다. '계란송병'은 요즘 음식이 아니라 예전에 해 먹던 음식이고, 옛 문헌에 '계란송병'이라고 되어 있어 그런 모양이지만, 둘을 굳이 남한 말과 북한 말로 구분해야 하는지 모르겠다.

계란송병이 '알송편'과 같은 말이라고 했으니 알송편을 찾아보자.

알송편(一松一) 번철이나 프라이팬 따위에 기름을
두르고 달걀 한 개를 부쳐 한옆이 익은 뒤에 다른 옆을
맞붙여 반달처럼 만든 음식.

이름에 '송편'이 들어갔지만 풀이를 보니 송편과는 다른 음식이다. 이번에는 '알쌈'이라는 낱말을 보자.

알쌈 달걀 갠 것을 엷게 펴서 익힌 다음 잘게 썬 고기로
소를 넣고 싸서 반달처럼 만든 음식.

'알송편'은 안에 소를 넣는다는 말이 없고, '알쌈'에는
소를 넣는다는 말이 보인다. 그런데 알송편의 풀이대로 본
다면 그냥 달걀프라이를 넓게 펴지 않고 가운데를 접어 반
달 모양이 되도록 부친 음식을 뜻한다. 결론부터 말하자면
풀이가 틀렸다. 알송편은 알쌈과 같은 말이기 때문이다.
『한국민족문화 대백과사전』과 두산백과 모두 알송편과 알
쌈을 같은 말로 소개하면서 '달걀부침에 쇠고기 소를 넣고
반으로 접어 반달 모양으로 만든 음식'이라고 설명해 놓았
다. '계란포'鷄卵包라고도 하는데, 이 말은 표준국어대사전

에 알쌈과 같은 말로 올라 있다.

여기서 잠깐 표준국어대사전에서 '달걀부침'을 뭐라
고 풀이했는지 보자.

달걀부침 달걀을 씌워서 번철이나 프라이팬 따위에
지진 음식을 통틀어 이르는 말.

'달걀을 씌워서'라는 말이 이상하다. 다른 재료에 달
걀을 씌운다는 뜻이니, 우리가 아는 달걀프라이하고는 다
른 음식인 모양이다. 그런데 달걀부침과 달걀프라이는 정
말 다른 음식일까? 그렇게 이해하고 쓰는 사람이 누가 있
을까? 더구나 표준국어대사전에 '달걀프라이'나 '계란프
라이'라는 표제어는 없다.

계란송편 이야기를 하다 달걀부침까지 왔다. 이왕 시
작했으니 추석과 관련해서 표준국어대사전에 나오는 낱
말 하나를 보자.

섬돌기 『민속』 추석 때 배에 오색기와 음식을 싣고 섬을
돌며 하는 뱃놀이.

섬에서는 추석 때 이런 놀이도 하는구나 싶었다. 우리 나라 섬 지역에서는 모두 섬돌기를 하는지 궁금했는데, 추석 풍습으로 섬돌기를 한다는 기록이 잘 보이지 않았다. 겨우 찾아보니 울릉도 지역에서 하는 놀이란다. 그렇다면 풀이에 이 내용을 넣어 주어야 한다. 모든 섬 지역에서 하는 일반적인 풍습이 아니므로.

원소절(元宵節) '원소'를 명절로 이르는 말.

원소(元宵) =원석(元夕).

원석(元夕) 음력 정월 보름날 밤.

원소병(元宵餅) =보름떡(음력 정월 보름날 밤에 먹는 떡).

'원소절'이라는 명절 이름을 처음 들어 봐서 찾아봤다. 뺑뺑이를 돌면서 뜻을 찾았는데, 풀이가 참 간략했다. 원소절은 중국에서 정월 보름날 즐기던 축제 이름이다. 중국 한무제 때에 생겨나 당나라를 거쳐 청나라 때 크게 행해졌으며, 정월 보름을 전후하여 등불을 걸어 놓고 보름달을 맞이하며 놀았다고 한다. 중국에서 즐기던 명절 이름이란 걸 왜 밝히지 않았을까? 결국 마지막에 있는 '원소병'이라는 떡은 중국에서 정월 보름날에 해 먹던 음식인 것이다.

유두면(流頭麵) 『민속』 유둣날에 밀가루로 구슬 모양의
국수를 만들어 오색으로 물들이고, 세 개씩 포개어
색실로 꿰어 맨 것. 악신을 쫓는다 하여 몸에 차거나
문짝에 건다.

두 사전의 풀이에 모두 나오는 '구슬 모양의 국수'라는
말이 걸렸다. 국수라면 당연히 긴 면발을 떠올리게 되는데
구슬 모양이라니 이상할밖에. 더구나 색실로 꿰어서 몸에
차거나 문짝에 건다고 했으니 우리가 아는 국수와는 다른
게 분명하다. 한자 '면'麵의 뜻을 지금은 모두 국수라고 풀
지만, 중국에서는 밀가루로 만든 모든 것을 '면'이라고 했
다. 따라서 유두면은 국수가 아니라 일종의 경단 같은 것이
라고 보아야 하며 풀이도 그렇게 해 주었어야 한다.

홍사면(紅絲麵) 국수의 하나. 왕새우를 짓이겨 삶아서
메밀가루, 밀가루, 녹말 섞은 것에 넣고 한데 반죽하여
만든다.

'홍사면'은 우리 음식이 아니라 중국 음식이므로 그런 설명을 넣어 주었어야 한다. 조선 시대 홍만선洪萬選이 쓴 『산림경제』山林經濟와 서유구徐有榘의 『임원경제십육지』林園經濟十六志 등에서 원나라 초기 문헌인 『거가필용』居家必用에 나오는 홍사면을 소개하고 있다. 그런 설명이 없다 보니 예전에 우리 선조들이 만들어 먹었던 국수로 오해하게 된다.

취루면(翠縷麵) 국수의 하나. 회화나무의 어린잎으로 즙을 내어 가라앉힌 녹말가루를 반죽하여 가늘게 썰어 만든다. 삶아서 찬물에 담갔다가 맑은장국이나 깻국에 넣어 먹는다.

취루면도 『임원경제십육지』와 서호수徐浩修가 쓴 『해동농서』海東農書 등에 소개되어 있고, 출처는 역시 『거가필용』이다.

표준국어대사전에 국수 종류가 꽤 많이 나오는데, 상당수가 중국인이 만들어 먹던 것이다. 물론 중국식 국수를 받아들여 우리 조상들이 똑같이 만들어 먹었을 수도 있다. 하지만 지금껏 이어지지 않는 음식이라면 대부분 우리 음식이 아니니 중국 음식이라고 분명히 밝혀 줄 필요가 있다.

앞에서 유두면을 이야기하며 경단 모양이라고 했으니, 이번에는 경단에 대해 알아보자. 우리나라 떡 중에 '경단'과 '단자'라는 게 있다. 둘은 비슷해서 서로 혼동하기도 하는데, 표준국어대사전에서는 각각 다음과 같이 풀고 있다.

경단(瓊團) 찹쌀가루나 찰수수 따위의 가루를 반죽하여 밤톨만 한 크기로 동글동글하게 빚어 끓는 물에 삶아 낸 후 고물을 묻히거나 꿀이나 엿물을 바른 떡. 또는 그런 모양의 것.

단자(團餈) 찹쌀가루를 쪄서 보에 싸 방망이로 치댄 다음 모양을 만들고 꿀과 잣가루 등으로 고물을 묻힌 떡. 또는 그런 모양의 것. 고물의 종류나 찹쌀에 섞는 재료에 따라 다양하게 이름을 붙일 수 있다.

둘의 차이가 뭘까? 경단은 떡 모양을 먼저 만들어서 끓는 물에 삶아 낸 것이고, 단자는 가루를 먼저 찐 다음에 떡 모양을 만든 것이다. 이번에는 고려대 한국어대사전의 풀이를 보자.

경단(瓊團) 찹쌀이나 찰수수의 가루를 반죽하여 밤톨만
한 크기로 동글동글하게 빚어 끓는 물에 삶아 익힌 뒤,
고물을 묻혀서 만드는 떡

단자(團餈) 찹쌀가루를 반죽하여 삶아 으깬 뒤에, 밤,
팥, 대추 등의 소를 넣고 둥글게 빚어 겉에 꿀을 발라
고물을 묻힌 떡.

비슷한 설명인데, 표준국어대사전과 다른 점이 있다
면 '단자' 항목에 소를 넣는다는 설명이 들어 있다는 것이
다. 결론부터 말하면 고려대 한국어대사전의 풀이가 맞고
표준국어대사전의 풀이는 미흡하다. 다음 낱말을 보면 좀
더 명확해진다.

건시단자(乾杮團餈) 곶감을 얇고 넓게 잘라서 꿀에
재웠다가 밤소를 박고 잣가루를 묻힌 음식.

팥단자(-團餈) 소를 넣고 팥가루를 입힌 둥근 모양의
찹쌀떡.

표준국어대사전에서 가져온 말인데, 둘 다 소를 넣는
다는 풀이가 달려 있다. 그런데 왜 그냥 단자에는 소를 넣

는다는 말을 뺐을까?

쑥굴리 소를 넣은 쑥경단.

소를 넣었으니 '경단'이 아니라 '단자'라고 해야 한다. 일부 지방에서 단자를 경단으로 부르기도 하지만, 그렇다고 국어사전마저 중심을 잃으면 안 된다. '쑥굴리'는 쑥단자와 같은 말이고, 소를 넣지 않고 쑥을 반죽에 짓이겨 빚은 게 쑥경단이다.

뒤죽박죽 혼란스러운 풀이가 너무 많은데, 표준국어대사전 편찬자들을 아예 혼돈 상태로 몰아간 낱말이 있다.

혼돈(餛飩) 밀가루나 쌀가루 반죽을 둥글게 빚어 그속에 소를 넣어 찐 떡.

떡이라고 풀이했지만 이것은 만두다. 그것도 우리나라 것이 아니라 중국 물만두로 우리 만두보다 크기가 작은 편이며, 중국어 발음으로는 '훈툰'이라 한다. 중국이나 대만 여행을 다녀 본 사람에게는 익숙한 음식이다.

혼돈자(餛飩餈) 소금물에 반죽한 밀가루를 조금씩 떼어 편 것이 굳은 뒤에 거기에 돼지고기, 파, 후춧가루, 간장 따위를 버무린 소를 넣고 빚은 것을 끓여서 만든 음식.

역시 훈툰을 말하는데, 여기에도 만두라는 설명이 없다.

혼돈탕(混沌湯) 여러 가지 음식을 한데 섞어서 끓인 국.

풀이를 보고 있자니 절로 한숨이 나온다. '혼'의 한자 표기도 '混'이 아니라 '餛'을 써야 한다. 이 낱말 역시 훈툰에서 비롯한 것으로, 훈툰을 넣어서 만둣국처럼 끓인 걸 말한다. 여기에 국수를 넣으면 혼돈면餛飩麵이 되는데, 혼돈면은 표제어에 없다.

혼돈병(餛飩餅) 꿀물에 밀가루를 타서 쑨 죽을 항아리에 담고 봉한 다음에 겻불에 묻어 익혀서 만든 음식.

같은 '혼돈'이 쓰였지만, 이 음식은 우리 옛 문헌에 나온다. 두 군데에 나오는데, 설명이 서로 다르다. 여기에 제시된 풀이는 『증보산림경제』增補山林經濟에 나오는 설명과 같다. 『규합총서』閨閣叢書에는 '찹쌀가루에 꿀, 승검초가루, 계핏가루 등을 섞은 후 황률소를 방울지게 얹어 밤채, 대추채 등을 박아 찌는 떡'이라고 되어 있다. 시루떡의 한 종류라고 하겠다. 『증보산림경제』에 나오는 것과는 완전히 다른 떡인 셈이다. 요즘 주로 재현하는 떡은 『규합총서』를 토대로 하고 있다. 이왕 실을 거면 두 가지를 함께 실었어야 한다.

딤섬(←[중]Dimsom, 點心) 주로 중국 남부 지역에서, 점심 전후로 간단하게 먹는 음식을 통틀어 이르는 말.

'딤섬' 하면 대부분 만두를 떠올린다. 고려대 한국어대사전에서 아주 자세히 풀어놓았다.

딤섬([중]dimsum, 點心) 중국의 별식으로, 만두피 속에 고기나 야채 따위를 넣어 요리하는, 새참과 같은 간단한 식사를 이르는 말. 우리말로 점심(點心)이라는 뜻으로, 각 지방별로 먹는 방법과 종류가 다양하다. 대나무 통에 담아 만두 모양으로 찌거나 기름에 튀기거나 국수처럼

말아 먹는 등 여러 가지 방법으로 조리한다. 새우나
게살, 감자 따위의 다양한 재료를 속으로 쓴다.

고려대 한국어대사전만큼은 아닐지라도, 표준국어대
사전은 최소한 만두라는 말 정도는 넣어서 뜻을 풀었어야
한다.

혼돈주(混沌酒) 막걸리에 소주를 섞은 것처럼 여러 가지
술을 한데 뒤섞어서 만든 술.

'혼돈주'는 처음엔 그냥 막걸리를 뜻하다가 조선 후기
로 넘어오면서 막걸리에 소주를 탄 걸 이르는 말로 바뀌었
다. 1924년에 이용기李用基가 쓴 『조선무쌍신식요리제법』
朝鮮無雙新式料理製法에서는 혼돈주를 이렇게 설명하고 있다.

혼돈주는 막걸리에 소주를 타서 먹으며, 좋은 소주
한 잔을 합주(찹쌀로 담근 여름에 먹는 막걸리)에
가만히 한옆으로 1분 동안 따르면 소주가 속으로
들어가지 않고 위로 맑게 떠오르니 그때 마시면 다
마시기까지 합주와 소주가 같이 들어오니 합주는 차고

소주는 더워야 좋고 소주는 홍소주를 타면 빛이 고운 술이 된다.

그러므로 표준국어대사전에서 풀이한 내용은 앞부분만 맞고 뒷부분은 틀렸다. 혼돈주는 오로지 막걸리에 소주를 탄 것만 이르는 명칭이며, '혼성주'混成酒라는 말이 따로 표제어에 있으니 뒷부분은 거기에 들어가야 할 설명이다.

조선 시대에 정희량鄭希良이라는 사람이 지은 「혼돈주가」混沌酒歌라는 한시가 있다. 정희량은 유배 시절에 술을 직접 담가서 마셨는데, 술이 익으면 거르지도 않고 짜지도 않은 채 그냥 퍼서 마셨다. 바로 그 술을 '혼돈주'라 했다고 한다. 혼돈주가 처음에는 막걸리를 뜻하는 말로 쓰였다는 걸 알 수 있다.

19세기 초 안동 지역에서 쓰인 『승부리안 주방문』陞付吏案酒方文의 '혼돈주법'이라는 항목에 이런 설명이 있다.

흰쌀 여섯 되를 가루 내어 (물을) 두 되 탕기로 여덟 탕기를 끓여 개어서 식거든 좋은 섬누룩 한 되와 석임 한 되를 넣어 빚는다. 삼일 만에 찹쌀 넉 되를 깨끗이 씻어 익게 찐다. 술밑을 걸러 섞어 넣어 삼일이면 쓴다.

여름에 좋다.

역시 소주를 섞는다는 말은 안 보인다. 여기서 잠깐 이 설명에 나오는 '석임'을 짚고 넘어가야겠다.

석임 빚어 담근 술이나 식혜 따위가 익을 때, 부글부글 괴면서 방울이 속으로 삭는 일.

『승부리안 주방문』의 설명에 '석임 한 되'라고 했으니, 국어사전의 설명과는 차이가 있다. 석임은 술을 만들 때 쓰는 효모로, 누룩과 비슷한 역할을 하는 재료다.

『임원경제십육지』에 누룩의 종류로 양양국襄陽麴, 연화국蓮花麴, 금경로국金莖露麴이 나오고, 표준국어대사전에도 각각 표제어로 실려 있다.

양양누룩(襄陽——) 밀가루와 찹쌀가루에 천초(川椒)를 넣고 반죽하여 만든 누룩. =양양국(襄陽麴)
연꽃누룩(蓮———) 연꽃과 밀가루, 녹두, 찹쌀을 함께 찧은 다음에 천초(川椒)를 넣고 한데 반죽하여 만든 누룩. =연화국(蓮花麴)

금경로누룩(金莖露ーー) 밀가루에 녹두와
찹쌀가루를 섞어서 만든, 술을 빚는 데 쓰는 발효제.
=금경로국(金莖露麴)

'양양누룩'과 '연꽃누룩'은 풀이에서 모두 누룩이라
고 했는데, '금경로누룩'은 발효제라고 했다. 누룩이 발효
를 시키는 데 사용하는 건 맞지만, '발효제'라는 한자어를
써서 풀이하는 건 어감상 와닿지 않는다. '제'라는 말이 들
어가서 마치 제품이나 약품을 말하는 것처럼 들리기 때문
이다.

처음에 양양누룩이라는 낱말을 보고 강원도 양양 지
방의 누룩이 유명한 모양이라고 생각했다. 누룩 앞에 붙은
'양양'의 한자와 지명의 한자가 똑같아서 더 그랬다. 그런
데 아무리 찾아봐도 강원도 양양과 누룩을 연결해서 설명
한 기록이 보이지 않았다. 간신히 알아낸 건 양양이 강원도
양양이 아니라 중국 후베이성湖北省에 있는 양양을 가리킨
다는 거였다.

『임원경제십육지』에서 누룩 설명의 끝부분에 자료 출
처를 밝혀 놓았는데, 모두 『준생팔전』遵生八牋이라고 되어
있다.『준생팔전』은 중국 명나라 문인들의 취미를 기록한

책으로 고렴高濂이라는 사람이 1591년에 간행했다. 그러니까 이 세 가지 누룩은 중국 사람들이 빚던 누룩이라는 얘기가 된다. 낱말 풀이에 이런 설명이 없다 보니 우리 전통 누룩으로 오해하기 쉽다. 양양누룩을 강원도 양양 사람들이 만든 누룩으로 착각한 것처럼.

이런 식으로 중국 풍물이나 제도인데 설명이 없어서 마치 우리 고유의 것인 양 받아들이게 되는 낱말이 무척 많다. 따라서 표제어로 올리고 풀이를 할 때는 반드시 출처를 밝혀야 한다.

11.   쑥덕쑥덕, 쑥 이야기

쑥에는 여러 종류가 있는데 다음과 같은 이름의 쑥도
있다.

사재발쑥 『식물』 =산쑥.

[어원] <ㅅ지발뿍 『신증유합』 ← ㅅᄌ[<獅子]+

ㅡ이+발+뿍

표준국어대사전의 설명인데, '사재발쑥'과 '산쑥'은
정말 같은 걸까? 일단 산쑥의 뜻풀이를 보자.

산쑥(山ㅡ) 『식물』 국화과의 여러해살이풀. 높이는

2미터 정도이며, 잎은 마주나고 깃 모양으로 깊게

갈라진다. 8~9월에 노란 꽃이 가지 끝에 원추(圓錐)

화서로 핀다. 어린잎은 식용하고 말린 잎은 뜸쑥을
만드는 재료로 쓴다. 한국, 일본, 사할린 등지에
분포한다.

고려대 한국어대사전은 사재발쑥을 이렇게 풀이했다.

사재발쑥『식물』국화과에 속한 여러해살이풀. 높이
1.5~2미터 정도로 자라며 땅속줄기가 옆으로 벋는다.
잎은 마주나고 가장자리에 톱니가 있으며 솜털이 나
있다. 8~9월에 노란색 꽃이 피고 어린잎은 나물로
먹으며, 말린 잎은 애엽(艾葉)이라 하여 뜸쑥으로
쓴다. 산지에서 자라며 우리나라, 일본, 사할린 등지에
분포한다. [어원] ㅅ지발뿍『유합신上: 8』

고려대 한국어대사전 역시 사재발쑥과 산쑥을 같은
것으로 이해하고 있지만 둘 다 틀렸다. 사전에서 어원을 밝
혀 놓은 것처럼 사재발쑥은 약효가 좋다고 소문난 '사자발
쑥'을 가리키는 말이다. 잎 모양이 마치 사자의 발처럼 갈
라졌다고 해서 붙은 이름이다. 사재발쑥을 풀이하면서 어
원까지 밝혀 준 건 가상한 일이지만, 그 뜻을 '예전에 사자

발쑥을 가리키던 말'이라고 풀어 주었어야 한다.

사자발쑥은 주로 강화도에서 자라는 쑥으로, 조선 시대 여러 문헌에 나온다. 한자어로는 '사자족애'獅子足艾라고 한다. 국어사전은 이제라도 사자발쑥의 명예를 찾아 주어야 한다.

인진주(茵蔯酒) 구운 사철쑥에 차조와 누룩을 함께 섞어 빚은 술.

인진쑥을 사철쑥으로도 부른다. 두 사전 모두 풀이에서 사철쑥을 구웠다고 해 놓았다. 쑥을 굽는다는 얘기는 난생처음 들어 본다. '구운 사철쑥'이 아니라 '덖은 사철쑥'이라고 해야 맞다. '덖다'라는 말은 흔히 찻잎 등을 타지 않을 정도로 볶아서 익히는 것을 말한다.

인진주를 거론한 김에 '인진고'라는 낱말도 살펴보자. 표준국어대사전에만 나온다.

인진고(茵蔯膏) 『한의학』 사철쑥 원액, 삽주 원액을 섞어서 만든 약엿. 주로 이담제로 이용하며 간염 치료에 쓴다.

누가 봐도 '약엿'이라는 말이 걸릴 듯하다. 약엿의 풀이는 두 사전 모두 다음과 같다.

약엿(藥—) 호두, 대추, 실백잣 따위를 박아서 만든 엿.

이 풀이와 인진고에 나오는 풀이가 양립할 수 있을까? 호두나 대추, 실백잣(껍질을 벗긴 잣)을 넣으면 약효가 있어서 약엿이라 했을 것이다. 인진고는 한방에서 쓰는 용어인데, 약엿의 풀이에는 한방과 관련한 말이 없다. 궁금해서 『한의학대사전』을 찾아보니 '고제膏劑를 말한다'라고 간단히 설명하고 있다. '고제'는 표준국어대사전에만 나온다.

고제(膏劑) 『한의학』 한약 제형(劑型)의 하나. 약물을 여러 번 달여서 걸러 낸 후 설탕이나 꿀 따위를 섞어 걸쭉하게 조려 만든다.

풀이대로 이해하면 일단 엿보다는 조청 형태를 말하는 것으로 보인다(조청도 넓게 보면 엿의 한 종류이긴 하

154

다). 약엿이 들어간 낱말을 표준국어대사전에서 찾으니 이런 낱말이 눈에 띈다.

단방^구기자^약엿(單方枸杞子藥ㅡ)『한의학』
구기자만으로 만든 고약.

풀이에 나온 '고약'이라는 말이 또 걸린다. 고약을 사전에서는 이렇게 풀이하고 있다.

고약(膏藥) 주로 헐거나 곪은 데에 붙이는 끈끈한 약.

풀이대로 하자면 고약은 붙이는 거지 먹는 게 아니다. 그러니 약엿을 고약이라고 풀이하는 게 어색한 건 당연하다. 한의학에서 붙인 약제 이름에 '고'膏가 들어간 게 꽤 많다. 다음은 표준국어대사전에 나오는 용어들이다.

구기자고(枸杞子膏)『한의학』구기자, 숙지황, 율무,
산사, 꿀 따위를 섞어 엿처럼 만든 보약.
강장고(強壯膏)『한의학』황기(黃芪), 만삼 뿌리,
숙지황, 둥굴레 땅줄기, 율무씨, 밤, 꿀 따위를 가지고

만든 약엿. 보약으로 쓴다.

만삼고(蔓蔘膏)『한의학』만삼 따위의 가루를 꿀과 섞어 무른 고약처럼 만든 보약. 몸이 허약하거나 병을 앓고 난 후, 만성 호흡 기관 질환, 소장염, 대장염, 콩팥염 따위에 쓴다.

창출고(蒼朮膏)『한의학』창출, 백복령, 꿀을 주원료로 하여 만든 보약. 소화가 잘 안 되거나 입맛이 없을 때에 쓴다.

똑같이 '고'가 들어간 이름들인데 풀이는 제각각이다. 순서대로 살펴보면 '엿처럼 만든 보약', '약엿', '무른 고약처럼 만든 보약', '보약'이라고 했다. 풀이의 일관성이 보이지 않는데, 이런 식의 무원칙한 풀이가 곳곳에서 발견된다. 이런 약제의 풀이에서 실물에 가장 가까운 표현은 '무른 고약처럼 만든 보약'인 것 같다.

아마도 한방에 종사하는 분들이 '고'에 해당하는 우리말을 찾다가 '약엿'이라는 말을 만들어 낸 게 아닐까 싶다. 그런데 그게 우리가 익히 아는 엿과 잘 들어맞지 않는다는 데 문제가 있다. 앞서 말한 것처럼 엿보다는 조청에 가까운 형태의 물질이기 때문이다. 쉬운 말로 바꾸려다 보니 그랬겠지만 결과는 별무신통인 셈이다.

정리하면, 약엿에 한방에서 말하는 의미를 첨가하거나('약효를 가진 식물을 우려낸 다음 여러 첨가물을 넣어 무른 고약처럼 만든 약' 정도의 뜻으로), 아니면 한방에서 처방하는 약을 풀이할 때 약엿이라는 말을 빼는 게 좋겠다.

쑥과 관련한 낱말로 시작했으므로, 쑥이 들어간 낱말을 더 소개한다.

쑥댓불 쑥을 뜯어 말려서 단을 만들어 붙인 불.

두 사전의 풀이가 같다. '쑥불'과 '쑥댓불'은 다른 낱말이며, 쑥불은 '말린 쑥으로 피우는 불. 주로 모기를 쫓는 데 쓴다'라고 잘 풀이해 표제어로 올려놓았다. 문제는 쑥댓불이다. 쑥불이 아니라 쑥댓불이라면 '쑥을 뜯어'가 아니라 '쑥대를 꺾어' 단으로 만든다고 해야 한다. 쑥을 뜯는다고 하면 쑥대가 아니라 쑥 잎을 뜯는 것으로 이해할 수밖에 없다.

쑥홰 쑥으로 엮어 만든 홰.
쑥홰 쑥대를 칡덩굴로 팔뚝 굵기만 하게 묶어 만든 횃불.

고려대 한국어대사전이 '쑥대'라는 말을 써서 훨씬 명확하게 풀이했음을 알 수 있다. 여기서 한 발 더 들어가 보자.

> **홰** 화톳불을 놓는 데 쓰는 물건. 싸리, 갈대, 또는
> 노간주나무 따위를 묶어 불을 붙여서 밤길을 밝히거나
> 제사를 지낼 때에 쓴다.
> **홰** 싸리나 갈대 따위를 묶어 불을 붙여서 밤길을
> 밝히거나 제사 때 화톳불을 놓는 데 쓰는 물건.

표준국어대사전의 풀이는 정말 이상하다. 홰는 화톳불을 놓을 때보다 밤길을 밝힐 때 주로 쓰지 않을까? 그런데 왜 '화톳불을 놓는 데 쓰는 물건'이라는 말을 먼저 배치했을까? 그러다 보니 뒤에 있는 '제사를 지낼 때에 쓴다'라는 풀이가 어색하다. 제사 지낼 때 홰를 드는 모양이라고 오해할 수 있으므로. 고려대 한국어대사전의 풀이가 그나마 오해를 줄여 주고 있다.

표준국어대사전의 풀이에 나오는 '노간주나무'도 이

상하다. 노간주나무는 같은 사전에서 '상록 침엽 교목으로 높이는 8~10미터'라고 해 놓았다. 그렇게 큰 나무를 묶어서 홰로 만들 수 있을까? '노간주나무 가지' 혹은 '어린 노간주나무' 정도로 해야 그나마 이치에 맞을 듯하다. 작은 부분 하나라도 세심히 신경을 써서 풀이해야 한다.

표준국어대사전에는 소설을 가리키는 용어가 100개 이상 나오는데, 다음과 같이 이해하기 힘든 용어들이 보인다.

광명^소설(光明小說) 『문학』 인정과 세태의 밝은 면을 암시하거나 묘사한 소설.

모델^소설(model小說) 『문학』 실재 인물의 성격이나 행동을 소재로 하거나 작가 자신의 체험을 허구화하여 만든 소설. 독자에게 실록을 읽는 것과 같은 흥미를 느끼게 한다.

방송^소설(放送小說) 『언론』 방송을 통하여 읽어 주는 소설. 라디오 방송 문학 편집물의 한 종류로서 극적 형상 방법을 많이 쓰는 특징이 있다.

비애^소설(悲哀小說)『문학』인생의 불행, 고통, 고뇌
따위를 소재로 하여 독자에게 비애감을 맛보게 하려는
소설.

삼문^소설(三文小說)『문학』선정적이고 저속한 소설.
주로 도둑이나 탐정에 관한 흥미 위주의 내용으로 되어
있다. 미국의 10센트 소설, 우리나라의 10전 소설 따위가
여기에 속한다.

애환^소설(哀歡小說)『문학』비극과 희극의 두 가지
요소를 지니고 있는 소설.

이상^소설(理想小說)『문학』작가의 이상을 작품의
주제로 형상화한 소설.

다음 낱말은 표준국어대사전과 고려대 한국어대사전
에 함께 나오는 용어다.

인정^소설(人情小說)『문학』인정의 아름다움을 주제로
한 소설.

참회^소설(懺悔小說)『문학』자신의 잘못을 뉘우치고 그
죄를 용서받고자 하는 마음으로 쓴 소설.

심경^소설(心境小說)『문학』작가의 일상생활을 소재로

하여 자신의 솔직한 심경을 그린 소설.

누가 분류한 용어인지 모르겠으나 과연 타당한 분류이며 명칭인지 의심스럽다. 대부분 일본어 사전에도 나오는 걸로 보아 일본에서 건너온 게 분명해 보인다. 일례로 '삼문소설'이라는 말에 쓰인 '삼문'은 일본어 사전에 이렇게 나온다.

さんもん(三文) 1. 서 푼; 적은 돈; 헐값.

三文opera 1. 빈약한 규모의 저급한 오페라.

2. =서푼짜리 오페라.

앞의 '모델소설' 풀이 중 '실재 인물'은 '실제 인물'로 풀어야 한다. 삼문소설의 풀이 중 '10전 소설'의 출처가 궁금한데, 국어사전에는 없는 말이다. 찾아보니 최남선이 1909년에 신문관新文館에서 '십전총서'十錢叢書를 발행했다고 한다. 첫 번째 책이 『걸리버 유람기』였으며, 그 후 율곡 이이의 글을 추려 뽑은 『산수격몽요결』刪修擊蒙要訣을 낸 뒤 중단되었다. '십전총서'에 이어 1913년부터 값을 6전으로 매긴 '육전소설'이 발행되기 시작했는데, 이 말은 표준국어대사전에 나온다.

육전^소설(六錢小說) 『문학』1900년대 초부터 광복
전까지 유행한 문고본 소설. 고전 소설을 개작하거나
윤색한 작품, 번안한 작품, 번안적 요소와 창작적 요소가
섞인 작품으로 나눌 수 있다.

'십전총서'나 '육전소설'은 싸구려일 수는 있으나 저
속한 책은 아니었다. 오히려 고전소설과 번안한 외국 소설
을 통해 당시 대중들의 문화적 욕구를 채워 주는 동시에 문
명사회로 이끌기 위한 의도가 강했다.

이상한 용어가 많은 반면 안 보이는 용어도 많다. '전
원소설'은 있는데 '농촌 소설'이나 '농민 소설'은 안 보인다.
'애정 소설'도 없는데, 다른 표제어 풀이에는 나온다.

사도베아누(Sadoveanu, Mihail) 『인명』루마니아의
소설가(1880~1961). 주로 농민 소설, 역사 소설을 썼다.
옥낭자전(玉娘子傳) 『문학』조선 후기의 한글 애정
소설.

그러고 보니 '한문 소설'이나 '한글 소설'도 표제어에는 없고 풀이에만 나온다.

별토전(鼈兎傳)『문학』판소리 수궁가를 한문 소설로 고쳐 지은 작품.

박문수전(朴文秀傳)『문학』조선 후기의 한글 소설.

현대 소설이라는 말은 어떨까? 역시 표제어에는 없고 풀이에는 나온다.

무정(無情)『문학』이광수가 지은 장편 소설. 1917년에 『매일신보』에 연재된 우리나라 최초의 현대 소설로, 민족주의적 이상과 계몽주의적 정열이 잘 나타난 초기 작품이다.

『무정』을 현대 소설로 봐야 할까? 물론 근대와 현대의 개념 구분이 명확하지 않다 보니 둘을 섞어 쓰기도 하지만, 보통은『무정』을 현대 소설이 아닌 근대소설의 출발로 본다. '근대소설'의 풀이에서는 이 작품을 그렇게 다루고 있다. 도대체 일관성을 찾아볼 수가 없다.

근대^소설(近代小說) 『문학』 19세기 유럽에서 주로 사실주의나 자연주의에 바탕을 두고 현실과 사회와 인간 문제를 다룬 소설. 우리나라의 경우, 이광수의 『무정』을 효시로 본다.

이 밖에도 '무협 소설'이나 '로맨스 소설' 같은 말이 없고, '장르 소설'은 생긴 지 오래되지 않은 용어라 그럴 수도 있겠다고 하지만 국어사전에 올라야 할 말들이다.

마지막으로 이건 뭘까?

이히로만([독]Ich-Roman) 『문학』 =일인칭 소설.
홍명희(洪命憙) 『인명』 소설가(1888~?).

'이히로만' 같은 말이 왜 실렸을까? 그렇다면 삼인칭 소설에 해당하는 독일 말은? 물론 없다. 그리고 북한에서 부수상까지 지낸 홍명희의 사망 연도를 모른다는 것도 이해하기 어렵다. 홍명희는 1968년에 사망했다.

소설 이야기는 마무리하고 다른 문학 용어들을 살펴보자.

166

동화모임(童話ーー) 동화를 이야기하고 감상하는 모임.
≒동화회

'동화모임'이 있다면 시모임이나 소설모임, 문학모임, 글모임 같은 말도 있어야 할 텐데 그런 낱말은 표제어에 없다. 참 이상한 일이다 싶은데, 이번에는 '독자모임'이 표제어로 올라 있는 걸 발견했다. 독자모임은 그런대로 인정할 수도 있겠으나 동화모임이 표제어로 오른 건 납득하기 어렵다. 독자모임이 있으니 '작가모임'은 어떤가 싶어 찾아봤더니 그 표제어는 없고 뜬금없이 이런 낱말이 보인다.

작가^계통(作家系統) 『문학』 서로 같은 창작 경향을 가지고 있는 작가들의 조직이나 모임.

표준국어대사전은 참 신기할 때가 많다. 듣도 보도 못한 이런 말을 대체 어디서 가져왔는지 알 수 없기 때문이다.

서재^평론(書齋評論) 『문학』 문학에 대한 창조적 비평

없이 단순한 지식의 자랑에 불과한 평론.

이론^문학(理論文學) 『문학』좌익 문단의 문학 이론.
사회주의적인 문예 평론을 이른다.

'이념문학'이라는 말은 더러 들어 보았으나, 문학 공부와 창작을 몇십 년 한 나도 '이론문학'이라는 말과 그 말이 이런 뜻으로 사용되는 예는 보지 못했다. '서재평론'이라는 말도 들어 본 적이 없다. 한때 유행어처럼 쓰이다 사라졌을 다음과 같은 낱말도 표제어에 있으니 할 말이 없긴 하다.

장발시인(長髮詩人) 머리털을 길게 기른 시인이라는
뜻으로, 구식(舊式)의 문학청년을 이르는 말.

잠시 다른 낱말 몇 개를 보자. 표준국어대사전에 나오는 낱말들이다.

경파기자(硬派記者) 신문사나 잡지사에서 정치, 경제 등
딱딱한 내용의 기사를 담당하는 기자.

그렇다면 '연파기자'도 있나 싶어 찾아보니 없고, 대신 이런 낱말이 나온다.

연파(軟派) 1. 주장이나 요구 따위를 강하게 내세우지 못하는 소극적인 파.

2. 문예상 에로티시즘을 주로 다루는 파.

3. 신문이나 잡지 따위에서 사회면이나 문화면을 담당하는 기자.

4. 장차 경기(景氣)가 좋지 아니할 것이라고 예상하여 주권 따위를 팔려고 하는 파.

5. 이성과의 교제를 좋아하거나 연애 소설 따위를 탐독하는 사람.

상당히 다양한 뜻이 있음에도 대부분의 사람들은 '연파'라는 말을 들어 보지 못했을 듯하다. 그렇다면 이 낱말은 문제가 있음이 틀림없다. 이번에는 연파의 반대어일 '경파'를 찾아보았다.

경파(硬派) =강경파.

'강경파'強硬派 항목을 찾으니 '강경하게 의견을 주장하거나 행동하는 파'라는 뜻만 나와 있다. 갈수록 이상한 생각이 들었다. 연파와 경파 사이에 균형이 맞지 않는데, 왜 이런 일이 벌어졌을까? 짚이는 게 있어 일본어 사전을 검색해 보니 다음과 같이 나온다.

なんぱ(軟派) 1. 온건한 의견을 가진 당파; 온건파.

=ハト派

2. a. 연(軟)문학; 연문학 애호자.

b. 시나 소설을 탐독하거나 이성과의 교제에 흥미를 가지며 화려한 복장을 즐기는 청소년(행위).

c. 신문에서 사회·문화면을 담당하는 기자.

3. 『경제』 시세의 하락을 예상하는 사람들.

4. 놀기 위해서 거리에서 이성에 접근하여 유혹하는 일.

こうは(硬派) 1. 강경파.

2. (여자와 인연이 멀고, 정의를 즐겨 주장하는) 완력·폭력을 주로 쓰는 불량배.

3. 『속어』 신문사의 정치·경제, 방송국의 뉴스·교양 부문을 담당하는 사람.

4.『상업』시세가 오르리라고 예상하는 패; 사는
쪽(사람).

결국 일본어 사전을 그냥 베낀 거라는 결론이 나온다.
기자 사회에서 예전에 연파니 경파니 하는 말을 썼다는 건
확인했다.

> 언론계에서는 논리적인 글을 경파라 하고, 감각적인
> 글을 연파라 하는데, 조선일보 사회부장을 지낸 장병철
> 씨가 그 연파로 알려져 있다.
> ― 남재희, 프레시안, 2015년 11월 10일

하지만 지금은 이런 말을 거의 쓰지 않는 것으로 알고
있다. 연파와 경파는 국어사전에서 빼 버리거나, 어쩔 수
없이 올린다면 일본식 한자어라는 것 정도는 밝혀야 한다.
　일본어 사전의 '연파' 풀이에 '연문학'이라는 말이 보
이는데, '연문학'과 '경문학'은 두 사전에 모두 나온다.

연문학(軟文學) 『문학』 쉽고 부드러운, 연애 중심의
흥미로운 문학. 넓은 의미로는 한시(漢詩)나 논설에

상대하여 소설, 희곡, 시가 따위의 문학 작품을 이른다.

경문학(硬文學) 작품의 내용이나 표현이 논설이나
평론과 같이 논리적이고 분석적이어서 딱딱한 느낌을
주는 문학.

일제 강점기에 이런 용어를 쓴 사람들이 더러 있었다.
그러다 수필가 윤오영이 수필론을 쓰면서 이 용어들을 사
용하는 바람에 수필 쓰는 사람들 사이에서 제법 퍼졌던 듯
하다. 역시 일본 사람들이 만들어서 쓰는 용어이고, 국문
학계에서는 이런 식의 구분을 거의 하지 않는다.

(1) 출판과 인쇄 용어

출판과 인쇄에 관한 용어도 무척 다양한데, 그중 몇 가
지를 살펴보려고 한다.

활자(活字) 1.『출판』네모기둥 모양의 금속 윗면에
문자나 기호를 볼록 튀어나오게 새긴 것.
2. 활판이나 워드 프로세서 따위로 찍어 낸 글자.

금속에 새긴 것이라고 했는데, 그럼 다음 낱말은 어떻
게 이해해야 할까?

목판^활자(木版活字)『출판』=목활자.

목활자(木活字)『출판』나무로 만든 활자.

이번에는 활자의 종류를 보자.

호수^활자(號數活字)『출판』크기를 호수로 정한 활자.
큰 순으로 초호(初號) 및 1호에서 8호까지 아홉 종류가
있다. 지금은 포인트를 더 많이 쓴다.
호수 활자(號數活字) 크기를 호수에 따라 정한 활자.
제일 큰 초호(初號)에서 제일 작은 8호까지 아홉 종류가
있다.

아홉 종류라 했으니 초호와 1호는 다른 게 분명하다.
그런데 이상하게 '초호활자'는 표제어에 있는데 '일호활
자'는 없다. 표준국어대사전에 표제어로 오른 건 다음과
같다.

특호^활자(特號活字)『출판』초호(初號)보다 큰 활자.
초호^활자(初號活字)『출판』가장 큰 활자. 42포인트
정도 되는 활자로 이호 활자의 두 배 크기이다.
이호^활자(二號活字)『출판』활자 호수(號數) 가운데

초호(超號), 일호(一號) 다음으로 큰 활자. 한 변의
길이가 7.38밀리미터쯤 된다.

삼호^활자(三號活字) 『출판』 이호 활자보다 작고 사호
활자보다 큰 활자. 16포인트 또는 24급과 비슷하며
한 변의 너비는 5.62밀리미터다.

사호^활자(四號活字) 『출판』 삼호 활자보다 작고 오호
활자보다 큰 활자 크기. 20급이나 14포인트의 크기와
비슷하다.

육호^활자(六號活字) 『출판』 크기가 3호 활자의 반인
활자. 약 3밀리미터 사각의 활자로 7포인트보다 약간
크다.

특호는 있는데 일호, 오호, 칠호, 팔호가 보이지 않는
다. 나머지는 쓰임새가 없거나 적어서 그런 건지 모르겠으
나, 이처럼 같은 계통에 속하는 말 중에서 일부만 가려서
싣는 경우가 비일비재하다. '이호활자' 풀이에서 '초호'의
한자가 '初號'의 오기라는 사실이 눈에 띈다.

롱^프리머(long primer) 『출판』 10포인트(point) 크기의
활자.

브릴리언트(brilliant) 『출판』 약 3.5포인트 크기의 영문 활자.

엘리트([프]élite) 『출판』 타자기 활자 크기의 하나. 1인치에 가로로 12자, 세로로 6자가 찍힌다.

이런 낱말들은 왜 실었는지 모르겠다. 활자 크기를 뜻하는 외국 말이 참 많을 텐데 무슨 기준으로 이 세 낱말만 골랐는지 편찬자들의 취향을 가늠하기가 어렵다. 더 거슬리는 건 '롱프리머' 풀이에서는 '포인트'에 원어를 병기한 반면 '브릴리언트' 풀이에서는 그냥 '포인트'라고만 했다는 것, 그리고 롱프리머 역시 영문 활자인데 그런 설명이 없다는 것이다.

폰트(font) 『출판』 구문 활자(歐文活字)에서 크기와 서체가 같은 한 벌. 대문자, 소문자, 구두점, 숫자 따위가 있다.

'구문 활자'라는 말이 또 거슬린다. 표제어에 '구문 활자'는 없고, '구문'歐文 항목에 '유럽 사람들이 쓰는 글자. 또는 그 글'이라는 풀이가 있다. '영문 활자' 또는 '알파벳 활자'라고 하는 게 이해하기 쉬웠을 것이다. 그나저나 '폰트'를 저렇게만 풀이하면 요즘 우리가 사용하는 뜻은 어디서 찾아야 할까? 고려대 한국어대사전에는 '컴퓨터에서 사용되는 글자의 모양'이라는 뜻이 더 있다. 이걸 왜 빼 먹었을까?

구문타이프라이터(歐文typewriter) 알파벳으로 찍도록 된 타자기.

여기도 '구문'이 나온다. 그냥 '영문타자기'라고 하면 될 걸 이렇게 쓰지도 않는 낱말을 올려놓은 처사를 이해하기 힘들다. 정작 표제어에 '영문타자기'와 '한글타자기'는 없다. 표준국어대사전에는 '영타'와 '한타'라는 말이 없고, 고려대 한국어대사전에는 '영타'만 있다.

활짱묶음 『출판』 인쇄 기호 '{ }'를 이르는 말.
브레이스(brace) 『출판』 인쇄 기호 '{ }'를 이르는 말.

꽃표(一標) 『출판』 인쇄 기호 '*'를 이르는 말.
애스터리스크(asterisk) 『출판』 문장에서 참조, 생략,

비문법성 따위를 나타낼 때 쓰는 부호의 하나. 곧 '*'
표를 이른다.

'활짱묶음'과 '꽃표'라는 말이 있는데, 왜 굳이 '브레
이스'와 '애스터리스크'처럼 어려운 말을 실었는지 모르
겠다.

게발톱점(———點) 『출판』 인쇄 기호 ' " " '의 용어. 인용
부호로 쓴다. ≒게발톱표
종종이 『출판』 인쇄 기호 '……'를 이르는 말. 줄임표로
쓴다.
동그람에이(———a) 『출판』 인쇄 기호 '@'를 달리
이르는 말. 단가표로 쓴다.
꺾쇠묶음 『출판』 인쇄 기호 '[ ]'를 이르는 말. 묶음표로
쓰며, 수학에서는 '대괄호'라고 한다.
거꿀가랑이표(—————標) 『출판』 인쇄 기호 '＞'를
이르는 말. 문장에서는 큰말표로, 수식(數式)에서는
부등호로 쓴다.

말들이 참 재미있다. 출판 편집자와 인쇄 기술자들이

쓰는 용어가 다르다는 걸 알 수 있다. 이런 말들은 인쇄 기술자 사이에서만 쓰는 은어인 듯하고, 그렇다면 풀이에서 은어라고 밝혀 주어야 하는 게 아닐까 싶다. 한 가지 더 짚자면 '꺾쇠묶음'이나 '거꿀가랑이표' 풀이에서는 수학 용어와 문장 부호 명칭을 함께 제시해 주었는데, 다른 풀이에는 그런 내용이 없다. '활짱묶음'은 중괄호, '꽃표'는 별표에 해당한다는 식으로 풀어 주면 더 친절하면서 일관성 있는 풀이가 되었을 것이다.

그리고 자세히 보면 '꺾쇠묶음' 풀이에서는 '대괄호'라고 따옴표를 썼는데, '거꿀가랑이표' 풀이에서는 큰말표와 부등호에 따옴표가 없다. 사소한 걸로 치부할 수도 있지만 내 눈에는 이러한 불일치도 거슬린다.

패럴렐(parallel) 『출판』 인쇄 기호 '‖'를 이르는 말. 문장 가운데 참조부로 쓴다.

참 어려운 말인데, '‖'을 나타내는 우리말이 없어서 그런 모양이다. 풀이의 '참조부'라는 말이 표제어에 없으니 어떤 경우에 쓰는 기호인지 알기 힘들다.

박(箔) 1. 금속을 두드리어 종이처럼 얇고 판판하게 편
것. 금으로 한 것을 금박, 은으로 한 것을 은박이라 한다.
금박(金箔) 금이나 금빛 나는 물건을 두드리거나
압연하여 종이처럼 아주 얇게 눌러서 만든 것.
금박^인쇄(金箔印刷) 『출판』 금박 종이를 써서 하는
특수 인쇄.

표제어에 '금박인쇄'는 있는데 '은박인쇄'는 없다. 그
리고 '금박', '은박'은 표제어에 있지만 출판계에서 많이 쓰
는 '먹박'은 보이지 않는다. '형압' 혹은 '형압인쇄'라는 말
도 표제어에 없다. 형압은 종이에 원하는 모양으로 튀어나
오거나 들어가도록 눌러 가공하는 것을 말한다. 형압에는
엠보싱과 데보싱 두 가지 방법이 있다. 표준국어대사전에
'엠보싱인쇄'는 나온다.

엠보싱^인쇄(embossing印刷) 『출판』 종이를 도톰하게
돋아 오르도록 하는 인쇄. 명함, 연하장 따위에 쓴다.
≒돋움인쇄

그런데 왜 음각에 해당하는 '데보싱인쇄'Debossing印刷

는 표제어에 없을까? 박을 입히는 기술을 뜻하는 '박가공'
이나 가공이 끝난 다음에 이루어지는 '후가공' 같은 말도
표제어에 없기는 마찬가지다.

권지(卷紙) 연속지(連續紙)를 감은 것. 주로 윤전기
인쇄에 쓴다.

'연속지'라는 말이 표제어에 없다.

무지개^인쇄(———印刷)『출판』한 번에 무지개무늬를
찍는 인쇄 방법.

풀이의 내용을 언뜻 이해하기 힘들다. '매일경제 경제
용어사전'에는 다음과 같이 되어 있다.

무지개인쇄(Rainbow Printing) 색상이 다른 잉크들을
기술적으로 혼합하여 무지개처럼 색상이 점차 변화하는
효과를 나타내는 인쇄 방식.

'무지개인쇄'는 인접한 잉크가 혼색되어 여러 색이 나

타나게 하는 특수 인쇄 기법으로, 주로 위조 방지용으로 쓰인다. 표준국어대사전에 나온 풀이로는 이러한 뜻을 알아낼 도리가 없다.

(2) 사진 용어

표준국어대사전에 나오는 사진 관련 낱말이다.

전신사진(全身寫眞) 몸 전체를 찍은 사진.
미디엄^숏(medium shot) 서 있는 인물의 무릎 위쪽이나 앉아 있는 인물의 전신을 찍는 촬영 기법. ≒중사(中寫)

'전신사진'이 있으면 '반신사진'도 있어야 할 텐데 없다. 대신 '미디엄숏' 같은 외래어만 보인다. 흔히 사용하는 '얼굴사진' 같은 말도 없고 '졸업사진'이나 '영정사진'도 안 보이는데, 합성어로 인정하지 않아서 그런 모양이다. 그런데 '기념사진'이나 '가족사진', '결혼사진'은 떡하니 표제어에 있으니 도무지 기준을 모르겠다.

같은 경우로 '독사진'은 표제어에 있는데 '단체사진'

은 어디로 간 건지 알 수가 없고, '인물사진' 같은 말도 보이지 않는다.

다음 낱말들은 어떨까?

사진화(寫眞畫) 사진에 찍힌 형상.
특사(特寫) 특별히 사진을 찍음.

'사진화' 풀이에 용례가 없는데, 풀이대로 쓰인 경우를 본 적이 없고 찾을 수도 없다. 사진 위에 그림을 그린 작품을 사진화라고 한 건 보았다.

'특사'라는 낱말 역시 용례를 찾을 수가 없다. 이런 말을 대체 누가 어떤 상황에서 쓰는 걸까? 차라리 사진을 전시하는 '사진전' 같은 말을 실어야 할 텐데, 이 말은 고려대한국어대사전에만 있다.

불변색^조면^사진(不變色粗面寫眞) 『연영』
=브로마이드.

누가 만들었는지 몰라도 참 어려운 한자어가 다 있다. 이해하기 어렵지만 '브로마이드'를 찾아가 보자.

브로마이드(bromide) 1.『연영』브롬화 은을 감광제로
하여 만든 고감도의 확대용 인화지. 또는 그 인화지에
현상한, 색이 변하지 않는 사진.
2. 배우, 가수, 운동선수 등의 엽서 크기만 한 초상 사진.
'벽붙이사진'으로 순화.

2번 풀이를 보자. 브로마이드가 정말 엽서 크기만
할까?

이번에는 사진 관련한 외래어를 몇 개 소개한다.

레조^마크([프]réseau [영]mark)『연영』사진의
뒤틀림을 알기 위한 십자(十字) 기호. 월면(月面)
사진이나 천체 사진의 전송에 쓴다.

헐레이션(halation)『연영』강한 빛이 필름이나
사진 건판에 닿았을 때, 그 면에서 반사된 빛이 다시
유제(乳劑)에 닿아 감광되는 현상.

길트타이프(gilt type)『연영』두꺼운 금박지에다
감광제를 바른 인화지에 밀착한 사진.

포토키나(Photokina)『연영』독일 쾰른에서 1950년

이후 2년마다 개최되는 국제 사진 기재 전시회. 카메라 기재, 영화용 기재 따위의 사진에 관계되는 모든 것이 전시되고 국제적 상거래가 행하여진다.

디아조타이프(diazotype) 『연영』 광분해된 화합물이 짝지음 반응으로 아조 염료를 형성하지 못하는 것을 이용한 사진법.

메톨(metol) 『연영』 사진 현상약의 하나. 흰색의 바늘 모양 결정체로, 현상 속도가 빠르고 묘출력이 뛰어나며 강한 독성이 있다.

스트로보^라이트(strobo light) 『연영』 사진 촬영에서 광량(光量)이 부족할 때 사용하는 섬광 광원. 섬광 시간은 1/1000~1/3000초이며, 광색(光色)은 비교적 태양 광선에 가깝다.

엠^동기^장치(M同期裝置) 『연영』 사진에서, 카메라와 플래시를 연결하는 장치. 플래시가 가장 밝아졌을 때 셔터가 열리도록 셔터의 작동을 15×10-3초만큼 늦어지게 한다.

오페이크(opaque) 『출판』 사진 제판에서, 화상(畫像)의 일부나 필요한 부분에 칠하여 빛의 투과를 막는 불투명한 도료.

사진작가에게 물어봤더니 잘 모르거나 요즘 안 쓰는 말도 많다고 한다. 이런 어려운 말들 대신 앞서 말한 일상 용어들을 실었어야 한다.

(1) 의학 용어

전문어로 분류한 용어는 일반인에게 낯설거나 이해하기 어려운 경우가 많다. 의학 관련 말들 역시 그렇다. 그럴수록 이해하기 쉽게 풀어야 하는데, 표준국어대사전에 실린 전문어 풀이에서는 그런 친절을 기대하기 힘들다. 그 분야의 전문가들이 풀이해 온 걸 별다른 검토 없이 실은 것으로 보이며, 국어사전 편찬자들도 풀이의 내용을 이해하지 못하는 것이 다수일 거라고 생각한다.

정예(釘瞖) 『한의학』 눈병의 하나. 각막에 궤양이 생겨 그 상처 사이로 황인(黃仁)이 끼어 눈동자를 움직일 때에 아프고, 오래 두면 흰색의 예막(瞖膜)이 남는다.

빙하예(氷瑕翳) 『한의학』 눈의 각막에 안개처럼 흐려진
두터운 예막이 생기는 눈병.

두 낱말 풀이에 공통으로 '예막'이라는 말이 나오는
데, 표제어에 없어 무슨 뜻인지 알 길이 없다. 한의학 책을
찾아보니 예막이란 눈에 백태가 낀 것을 말한다고 한다. 예
막의 정체를 알고 나니 이번에는 '정예'의 풀이에 나오는
'황인'이 궁금해졌다.

황인(黃仁) 『의학』 각막과 렌즈 사이에 있는, 원판
모양인 누런 밤색의 얇은 막.

'각막과 렌즈 사이'라는 구절 앞에 오랫동안 머물렀
다. 인체의 일부인지 아니면 인체와 관련 없는 물질인지 판
단하기 어려웠기 때문이다. 고려대 한국어대사전에는 올
라 있지 않아 『한의학대사전』을 찾았더니 이렇게 나온다.

황인 흑정(黑睛)과 정주(睛珠) 사이에 있는 원반 모양의
얇은 막. 누런 밤색을 띠며 그 중심에는 눈동자가 있다.

너무 어려운 풀이인데 다행히 '흑정'과 '정주'가 표준
국어대사전에 나온다.

흑정(黑睛) =검은자위(눈알의 검은 부분).
정주(睛珠) 『북한어』『의학』'수정체'의 북한어.

'황인'의 풀이에 나오는 렌즈는 수정체를 가리키는 모
양이다. 그런데 '렌즈' 항목을 찾으면 인체 기관과 관련된
풀이가 없다.

렌즈(lens) 1.『물리』빛을 모으거나 분산하기 위하여
수정이나 유리를 갈아서 만든 투명한 물체. 오목 렌즈와
볼록 렌즈가 있고, 안경이나 현미경, 망원경, 가정용
손전등 따위에 사용된다.
2.『의학』=콘택트렌즈.

우리가 흔히 아는 정도의 풀이만 나오는데 이상한 게
또 있다.

빙예(氷瞖) 『한의학』눈병의 하나. 눈동자 안에 있는

렌즈체가 흐려져서 얼음처럼 희고 윤기가 나며 심하면
시력이 나빠져서 물체가 잘 보이지 않게 된다.

풀이에 '렌즈체'가 보이지만 표제어에는 없다. 영어의
'lens'에 수정체라는 뜻이 있긴 하다. 그래서 수정체 대신
렌즈라는 말을 국어사전 풀이에 넣은 셈인데, 엉터리도 이
런 엉터리가 없다.

이보다 더 기가 막힌 낱말이 있다.

유침^렌즈(油浸lens) 『생물』앞 단과 표본 사이의
공간에 고사리 기름과 같이 굴절률이 높은 물질을
채워서 쓰는 대물렌즈.

풀이를 보고 뜻을 이해할 수 있는 사람이 있을까? '앞
단과 표본'은 대체 뭘 말하는 걸까? 그리고 '고사리 기름'
이란 것도 처음 들어 본다. 인터넷에서 아무리 검색해 봐도
그런 기름을 찾을 수 없다. 도대체 유침렌즈란 게 뭔가 싶
어 이리저리 찾다가 국어사전이 아닌 다른 자료에서 이런
설명을 발견했다.

유침 렌즈(oil immersion lens) 빛의 굴절률을 높이기
위하여 점성이 높은 오일을 렌즈 표면에 사용하여
관찰하는 고배율의 렌즈.

표준국어대사전에서는 왜 이렇게 친절하게 풀이하지
못했을까? 그리고 대체 무슨 마음으로 분류 항목을 '생물'
이라고 했을까?

자궁^수축제(子宮收縮劑) 『약학』 자궁근(子宮筋)의
수축력을 증가시켜 진통을 촉진하거나 산후 자궁의
퇴축 및 지혈 작용을 하는 약. 뇌하수체 뒤엽 제제,
맥각제 따위가 있다.

'자궁근'이라는 말이 표제어에 없다. 자궁의 근육을
뜻하려니 하고 넘어갔는데, '뇌하수체 뒤엽'은 물론 '뒤엽'
이라는 말도 표제어에 없다. '맥각'은 있으나 '맥각제'라는
말도 없다. '퇴축'은 또 뭘까?

퇴축(退縮) 1. 움츠리고 물러남.
2.『의학』이의 둘레가 퇴행·위축하여 시멘트질이

드러남. 또는 그런 일.

2번 풀이가 '의학' 용어라고 되어 있지만 자궁과는 아무런 관련이 없다. 그렇다면 1번 풀이와 연관을 지어야 하는데 썩 매끄럽게 연결된다는 느낌이 안 든다. 문맥상 수축이라고 이해하면 될 듯한데, 왜 퇴축과 같은 낯선 말을 끌어들였을까?

그나저나 '자궁'은 제대로 풀어놨는지 확인해 보자.

자궁(子宮) 『의학』 여성의 정관의 일부가 발달하여 된 것으로 태아가 착상하여 자라는 기관.

풀이 중 '정관'이 보이는데, 보자마자 이상한 느낌이 온다.

정관(精管) 『동물』 정소(精巢)에서 만든 정자를 정낭(精囊)으로 내보내는 가늘고 긴 관. 포유류, 조류, 파충류 따위에서는 정충만을 나르지만, 양서류, 어류에서는 수뇨관을 겸한다.

대체 여성에게 정관이 어디에 있단 말인가! 고려대 한국어대사전에서는 다음과 같이 풀었다.

자궁(子宮)『생물』 포유류의 암컷에서, 수정란이
착상(着牀)하여 분만 때까지 발육하는 기관.
수란관(輸卵管)의 일부가 변화한 것으로, 벽은 두꺼운
민무늬근으로 되어 있다. 골반 내에 자리 잡고 있으며
질(膣)에 이어진다.

'정관'이 아니라 '수란관'이었다. 수란관은 '자궁관'과
같은 말이라고 되어 있다. 실수라고 하기에는 너무 어이없는 일이다.

이번에는 장애와 관련된 낱말을 살펴보자.

경계^퍼스낼리티^장애(境界personality障礙)『심리』
정상(正常)과 이상(異常)의 경계 영역에서 일으키는
여러 가지 문제. 가정 내 폭력, 등교 거부, 성적(性的)
일탈, 약물 남용 따위로 나타난다.

'경계(성) 인격장애' 혹은 '경계(성) 성격장애'라는 말

을 많이 쓰는데, 이런 말 대신 굳이 '퍼스낼리티'라는 말이 들어간 용어를 선택해 표제어로 올린 이유를 모르겠다. 고려대 한국어대사전에는 '성격장애'와 '인격장애' 둘 다 표제어에 있는데, 표준국어대사전에는 성격장애만 있고 인격장애는 없다.

서울대학교병원이 제공하는 의학 정보에는 인격장애의 유형이 다음과 같이 분류되어 있다.

1. A군 인격장애(별나거나 이상한 유형): 편집성 인격장애, 분열성 인격장애.
2. B군 인격장애(극적, 감정적, 산만한 유형): 반사회성 인격장애, 경계성 인격장애, 히스테리 인격장애, 자기애성 인격장애.
3. C군 인격장애(걱정하거나 두려워하는 유형): 회피성 인격장애, 의존성 인격장애, 강박성 인격장애.

여기에 나오는 유형들은 대부분 표제어에 없다. 다만 편집성 인격장애에 해당하는 '편집증', 분열성 인격장애에 해당하는 '분열증'은 표제어에 올렸다. 이런 용어들을 꼭 표제어에 올려야 한다는 건 아니다. 그런데 낯선 말이 몇 개 보인다.

양극성^기분^장애(兩極性氣分障礙)『의학』정신이
상쾌하고 흥분된 상태와 우울하고 억제된 상태가
교대로 나타나거나 둘 가운데 한쪽이 주기적으로
나타나는 병. 분열병과 함께 2대 정신병의 하나이다.
≒조울병·조울증
일과성^상황성^장애(一過性狀況性障礙)『심리』
스트레스나 불안 따위의 어떤 특수한 상황에서만
징후가 나타나는 일시적인 인격 장애의 한 형태.

자주 하는 말이지만, 표제어 선정 기준을 모르겠다.
이런 말들보다 우리가 평소 더 자주 접하는 '불안장애'와
'다중 인격 장애'는 표준국어대사전에 없고 고려대 한국어
대사전에만 있다. 그리고 요즘 많이 쓰는 '행동장애', '해리
성장애', '분노 조절 장애', '충동 조절 장애'는 어디에도 안
보인다. '일과성상황성장애' 같은 말보다 이런 말들을 먼
저 표제어에 올려야 하는 거 아닐까?

정신장애 말고 다른 장애는 어떨까? 표준국어대사전
에 '시력장애'는 있는데 '시각장애'는 없고, 대신 '시각장애

인'은 있다.

'시력장애'는 있으면서 '청력장애'와 '청각장애'는 없고, 대신 '청각장애인'은 있다.

'언어장애'와 '언어장애인'은 있지만 '지체장애', '성장장애', '척추장애'는 없고, '지체장애인', '성장장애인', '척추장애인'은 있다.

'하반신마비'는 있지만 '전신마비'는 없다. 또 '전신마취'는 있으면서 '부분마취'는 없고, 대신 '국소마취'가 있다.

다른 장애를 한 가지 더 살펴보자.

지적^장애(知的障礙) 『의학』정신의 발달이 뒤져
있는 상태. 유전적 원인, 또는 후천적 질병이나 뇌의
장애로 인하여 청년기 전에 지능 발달이 저지되어 자기
신변의 일을 처리하거나 환경에 적응하는 것이 어려운
상태이다.

'지적장애'가 있으면 '발달장애'도 당연히 있으려니
했는데, 아무리 찾아도 보이지 않는다(고려대 한국어대사

전에는 있다). 반면 '장애'라는 말이 들어간 용어로 표준국어대사전에 가장 많이 나오는 게 가톨릭 용어다.

혼인^장애(婚姻障礙) 1.『가톨릭』하느님의 법으로나 교회의 법으로 결혼을 못하게 하거나 인정할 수 없는 장애.
2.『법률』혼인을 인정할 수 없거나 혼인을 못하게 하는 사유가 되는 것.
금지^장애(禁止障礙) 『가톨릭』혼인 장애 가운데 혼인이 금지되어 있는 경우를 어기고 하는 혼인.
무효^장애(無效障礙) 『가톨릭』혼인이 무효가 되는 혼인 장애. 결혼 적령 미달, 친족 사이의 혼인, 성교 불능, 신자와 비신자와의 관면(寬免) 없는 혼인 따위가 무효가 된다.

가톨릭 교회법에서 혼인에 대해 규정한 부분에 나오는 이런 장애의 세부 항목을 전부 실었다. 과연 국어사전에 이런 말들을 마구 실어도 되는 건지 모르겠다. 차라리 앞서 말한 것들을 싣는 것이 더 국어사전답지 않을까 싶다.

표준국어대사전에 실린 혼인장애의 세부 항목을 표

제어만 제시하면 다음과 같다.

범죄^장애(犯罪障礙) **성품^장애**(聖品障礙)

신친^장애(神親障礙) **양친장애**(養親障礙)

인척^장애(姻戚障礙) **법정^친족^장애**(法定親族障礙)

친족^장애(親族障礙) **신품^장애**(神品障礙)

연령^장애(年齡障礙) **유괴^장애**(誘拐障礙)

착오^장애(錯誤障礙) **협박^장애**(脅迫障礙)

혼인^인연^장애(婚姻因緣障礙)

수도^서원^장애(修道誓願障礙)

혼인^형식^장애(婚姻形式障礙) **불능^장애**(不能障礙)

타종교^장애(他宗敎障礙)

이쯤 되면 표준국어대사전마저 가톨릭 교회법의 적
용을 받는 게 아닐까 의심스러울 지경이다.

(2) 외래어로 된 약 이름

외래어라기보다는 외국 말로 보이는 수많은 약 이름

이 나오는데, 우선 몇 개만 보자.

아미오다론(amiodarone) 부정맥 치료제의 하나.

톨나프테이트(tolnaftate) 외용(外用) 무좀 치료제의 하나.

클로나제팜(clonazepam) 간질 치료제의 하나. 특히 간질의 장기 치료에 쓴다.

실리마린(silymarin) 간 질환 치료제의 하나. 간염, 간 경화증 따위에 쓴다.

피라지나마이드(pyrazinamide) 에티온아미드와 비슷한 작용을 하는 결핵 치료제.

에티온아미드(←[라]ethionamidum) 스트렙토마이신이나 이소니코틴산 히드라지드와 함께 사용하는 결핵 치료제. 많은 양을 오랫동안 사용하면 간장에 장애가 생긴다.

특정 질환의 치료제라는 건 알겠지만 그 이상의 정보는 없다. 읽기도 힘든 이런 약 이름을 우리가 알아야 하는지도 모르겠지만, 풀이가 참 허술하다. '피라지나마이드'라는 약이 '에티온아미드'와 비슷한 작용을 한다고 해서

에티온아미드를 찾았는데, 풀이가 자세한 듯하지만 약의 성질이나 용법 등에 대한 설명은 없어 아무런 도움이 안 된다.

약의 성질과 용법을 자세히 풀이한 항목도 있긴 하다. 그럼에도 전문가만 알면 되는 약 이름을 수두룩하게 실어 놓을 필요가 있느냐는 의문과 함께, 풀이를 봐도 태반이 이해하기 힘들어서 국어사전을 찾는 독자에게 어떤 도움을 주는지 알 수가 없다.

다음은 눈에 띄는 대로 찾아본, 외국 말로 된 약 이름들이다. 풀이는 생략했다.

구아네티딘(guanethidine) **네오스티그민**(neostigmine)

디오닌(Dioninum) **디페닌**(Dipheninum)

딜티아젬(diltiazem) **베라파밀**(verapamil)

라니티딘(ranitidine) **레보도파**(levodopum)

레모란(lemoran) **리팜핀**(rifampin)

메바스타틴(mevastatin) **미녹시딜**(minoxidil)

아달린(Adalin) **아트로핀**(atropine)

안나카(annaca) **안트라퀴논**(anthraquinone)

에탐부톨(ethambutol) **오메프라졸**(omeprazole)

이미프라민(imipramine) **지도부딘**(zidovudine)

케토코나졸(ketoconazol) **캡토프릴**(captopril)

클로로퀸(chloroquine) **톨부타미드**(tolbutamide)

타목시펜(tamoxifen) **파모티딘**(famotidine)

펜타조신(pentazocine) **프리미돈**(primidone)

필로카르핀(pilocarpine) **히포티아지드**(Hypothiazidum)

이번에는 약 이름에 대한 풀이를 몇 개 보자.

히단토인제(hydantoïn劑) 히단토인과 비슷한
구조를 가지고 있는 간질 치료제. 페니토인,
메페니토인(mephenytoin) 따위가 있다.

풀이에 나오는 '히단토인'과 '메페니토인' 모두 표제
어에 없다.

페니토인(phenytoin) 항(抗)간질 약물의 하나. 정신
운동 발작을 제외한 모든 종류의 간질에 사용한다.

'항간질' 대신 '간질을 치료하는'이라고 쉽게 푸는 게

좋다. 그리고 '정신운동발작'이 무슨 뜻인지 몰라 한참을 생각했다. 그러다 이 말이 표제어에 있는 걸 발견했다.

정신^운동^발작(精神運動發作) 『의학』 심리적인 동기에 의하여 일어나는 간질 발작. 소리를 지르거나, 무엇에 사납게 달려들어 찢고 부수고 하거나, 무엇을 씹는 따위의 행동을 하는 발작을 통틀어 이르는 말이다. 발작이 끝나면 환자는 일어난 일을 전혀 기억하지 못한다. =소발작

'페니토인' 풀이에서 친절하게 설명해 주면 좋았겠지만, 그래도 손품을 팔아 궁금증을 풀 수 있었다. 그런데 이 낱말을 '소발작'과 같은 말이라고 해 놓은 게 눈에 띈다. 소발작이 있으면 당연히 '대발작'도 있겠거니 했지만 아무리 뒤져 봐도 없다. 대신 앞서 궁금했던 '히단토인'이 들어간 낱말을 찾았다.

디페닐히단토인(diphenylhydantoin) 간질병 따위의 발작을 억제하는 경련 억제 약물. 대뇌 겉질 운동 영역에 작용하는데 간질의 대발작에는 효력이 있으나

소발작에는 효력이 없다.

풀이에 '대발작'이라는 말이 나온다. 대체 왜 이러는 걸까?

(3) 약제와 약품

표준국어대사전에 나오는 다음 낱말 풀이를 보면서 고개를 갸우뚱했다.

점폭약(點爆藥) 폭약에 폭발을 일으키게 하기 위하여 쓰는 약제. 화염에 의하여 쉽게 폭발하며 폭약을 폭발하게 한다.

풀이도 엉성하거니와 '약제'라는 말이 걸렸기 때문이다. 이상하다 싶어 풀이에 '약제'가 들어간 낱말들을 찾았더니 아래와 같이 줄줄이 나왔다.

유연제(柔軟劑) 『화학』 섬유에 유연성을 부여하여 촉감을 부드럽게 하고 정전기를 방지하는 효과가 있는 약제.

탈취제(脫臭劑) 『화학』 냄새를 없애는 데에 쓰는 약제. 숯, 활성탄 따위가 있다.

흡습제(吸濕劑) 『공업』 섬유가 지나치게 건조하여 굳어지는 것을 막기 위하여 사용하는 약제.

수온^상승제(水溫上昇劑) 『농업』 한랭지 농업에서, 관개수(灌漑水)의 증발을 막고 온도를 높게 유지하기 위하여 쓰는 약제.

포말^소화제(泡沫消火劑) 『화학』 약제를 혼합하여 거품이 나도록 하는 화학 약품으로, 타는 물건과 공기를 차단함으로써 불을 끄는 약.

완염제(緩染劑) 『수공』 염색 속도를 완만하게 하여 물감이 고루 잘 들게 하는 약제.

토양^안정제(土壤安定劑) 『건설』 연약한 지반이나 수분이 많은 지반을 강화하기 위하여 주입하는 약제.

현색제(顯色劑) 『화학』 나프톨 물감으로 무명 따위를 염색할 때, 애벌 물감으로 처리한 천이나 섬유를 다른 액체에 넣어 빛깔을 낼 때 쓰이는 약제.

방취제(防臭劑) 고약한 냄새가 풍기지 못하게 막는 약제(藥劑).

감감제(減感劑) 『연영』 사진의 감광 재료의 감광도를 떨어뜨리는 약제.

감극제(減極劑) 『연영』 전지의 분극(分極)을 방지하기 위하여 쓰는 약제.

고엽제(枯葉劑) 『약학』 식물의 잎을 인위적으로 떨어뜨리는 약제를 통틀어 이르는 말.

철금기제(鐵禁忌劑) 『광업』 철의 화학 작용을 중화하는 약제.

방수제(防水劑) 『화학』 종이, 헝겊, 가죽 따위에 발라서 물이 스며들지 못하게 하는 약제.

발연제(發煙劑) 『군사』 연기를 내기 위하여 쓰는 약제. 연막, 신호 따위를 위하여 주로 군용으로 쓰인다.

고려대 한국어대사전에서도 '유연제', '포말소화제', '감감제', '감극제'만 빼고 풀이에 모두 '약제'라는 말을 썼다(토양안정제, 철금기제는 표제어에 없다). 그런데 정말 약제라는 말을 써서 뜻을 푸는 게 맞을까? 약제는 사람이나 동식물에 사용하는 약효가 있는 물질을 가리킨다. 비슷한 성격의 낱말인데 풀이에서 약제를 쓰지 않은 것도 있긴 하다.

방부제(防腐劑) 『약학』 미생물의 활동을 막아 물건이
썩지 않게 하는 약.

보혁제(保革劑) 가죽을 보존하는 데 쓰는 약품.

현상^촉진제(現像促進劑) 『연영』 현상액의 능력을 높여
주는 약품.

낙엽제(落葉劑) 『약학』 식물의 잎을 빨리 지게 하는
약품.

소포제(消泡劑) 『화학』 유해한 거품을 제거하는 데 쓰는
약품.

‘약’ 혹은 ‘약품’이라는 말을 썼다. 다음 낱말들은 어
떨까?

표백제(漂白劑) 『화학』 1. 여러 가지 섬유나 염색 재료
속에 들어 있는 색소를 없애는 약제.
2. 식품의 탈색에 사용하는 약제.

형광^표백제(螢光漂白劑) 『공업』 물에 녹아 섬유에
배어서 자외선을 흡수하면 푸른 형광을 발하는 물질.

환원^표백제(還元漂白劑) 『화학』 색깔이 있는 물질을
환원하여 표백하는 데에 쓰는 물질.

산화^표백제(酸化漂白劑) 『화학』 산화 작용에 의하여
섬유 제품을 표백하는 데 쓰는 물질.

'표백제' 풀이에서는 '약제'를 썼지만 다른 세 낱말에
서는 '약제' 대신 '물질'이라는 말을 썼다.

표준국어대사전에서는 약제와 약품을 이렇게 풀고
있다.

약제(藥劑) 여러 가지 약재를 섞어 조제한 약.

약품(藥品) 1. =약(藥).

2. 약의 품질.

3. =약제(藥劑).

아주 단순하게 풀었다. 그런데 여기서 한 가지 의문이
든다. 화학 약품이나 화공 약품이라는 말에 덧붙은 '약품'
은 어떻게 봐야 하느냐는 점이다.

『보리국어사전』에서 '약품'을 찾으면 이렇게 나온다.

약품(藥品) 1. 만들어 놓은 약.

2. 화학 변화를 일으키는 데 필요한 물질. 흔히

실험실이나 공장에서 쓴다.

2번에 해당하는 풀이가 표준국어대사전과 고려대 한국어대사전에는 없다. 그러니 앞에 실어 놓은 수많은 낱말을 풀면서 '약제'라는 되지도 않는 말을 쓰게 된 것이다. '약품'의 뜻풀이를 보완하고, 앞서 보기를 든 낱말들 풀이에서 '약제'를 '물질'이나 '약품'으로 바꿔야 한다.

동물과 식물 이름

표준국어대사전에서 독특한 비둘기 이름을 발견했다.

자단(紫丹) 『동물』 집에서 기르는 비둘기의 하나.
몸뚱이는 붉고 꼬리는 희다.

참 낯선 낱말이다. '집비둘기'라는 말이 표제어에 있
는 것으로 보아 옛날에는 비둘기를 집에서 기르기도 했던
모양이다. '자단'의 풀이에서 '비둘기의 하나'라는 표현을
보며 자단 말고도 집에서 기르는 비둘기가 더 있을 거라는
생각이 들었다. 그래서 찾아봤더니 이런 낱말들이 나왔다.

자허두(紫虛頭) 『북한어』『동물』 집비둘기의 하나. 몸은
흰빛이며 머리와 목은 자줏빛이다.

점오(點烏) 『북한어』『동물』 비둘기의 하나. 몸통은
희고 꼬리는 검으며 대가리에 검은 점이 있다.

흑층(黑層) 『북한어』『동물』 비둘기의 하나. 몸통은
검고 꼬리는 희다.

흑허두(黑虛頭) 『북한어』『동물』 비둘기의 하나. 몸은
흰색, 머리와 목은 검은색이다.

이름들이 독특한데 모두 북한어라고 해 놓았다. 처음
에 소개한 '자단'에는 '북한어'라는 말이 없는 이유는 뭘까?
예전에 나온 국어사전들에는 자단만 실려 있고 나머지 낱
말들은 북한에서 펴낸 사전에 실려 있어서 그랬던 게 아닐
까 싶다. 아무리 그래도 분명 같은 종류일 텐데 하나는 남
한 말로 취급하고 나머지는 북한 말로 취급한다는 건 문제
가 있다. 이 말들을 언제 누가 썼는지 알아보고, 북한에서
만 쓰는 말이 아니라 옛사람들이 썼던 말이 분명하다면 '북
한어'라는 말을 빼고 그냥 실었어야 한다. 아무런 검토나
조사도 하지 않고 그냥 북한 말이라고 해 버리는 건 무책임
한 일이다.

이 말들이 어디서 왔는지 찾아보았더니, 조선 정조 때
실학자인 유득공柳得恭이 쓴 『경도잡지』京都雜志 「발합」鵓鴿

에 집비둘기에 대한 소개가 나온다. '발합'은 집에서 기르는 비둘기를 뜻하는 한자어로 표제어에 있다.

유득공이 소개한 집비둘기 종류는 앞에 나온 다섯 종류 외에 온몸이 흰 전백全白, 몸은 흰데 목이 붉고 날개 끝에 두 층으로 붉은 점이 있는 천앙백天仰白, 갈색 날개 끝에 두 층으로 황금색의 점이 있는 승僧이 더 있다. 그런데 이 셋은 어디로 사라졌을까?

유득공은 『경도잡지』를 낸 이후에 『발합경』鵓鴿經이라는 책을 따로 써서 집비둘기에 대해 더 많은 이야기를 들려주고 있다. 앞서 말한 여덟 종류의 비둘기는 유득공의 표현에 의하면 애완 비둘기 가운데 팔목상품八目上品에 해당하는 것이고, 잡종이나 교배종으로 십오잡목하품十五雜目下品에 해당하는 열다섯 종류의 비둘기가 더 있다. 여기서 이 나머지 비둘기의 이름까지 나열하는 건 별 의미가 없을 듯하다.

전서구(傳書鳩) 편지를 보내는 데 쓸 수 있게 훈련된 비둘기. 비둘기가 제 집을 잘 찾아오는 성질을 이용하여 교통이 불편한 지역의 통신이나 군사적인 목적으로 사용하였으나 지금은 경주용으로만 쓴다.

비둘기경기(―――競技)『북한어』『운동』 비둘기를 일정한 거리의 출발점에서 동시에 놓아주고 그 비둘기가 집으로 돌아오는 시간을 재서 승부를 겨루는 경기.

'전서구'의 풀이 끝에 경주용으로 쓴다는 말이 있다. 그리고 '북한어'라고 분류하긴 했지만 '비둘기경기'라는 말도 있다. 우리나라에서 비둘기경기란 걸 했을까? 알아보니 우리나라에서는 그런 일이 없고, 벨기에에서 1818년에 160킬로미터가 넘는 최초의 장거리경주를 시작했다고 한다. 그 후 유럽을 중심으로 다양한 비둘기경기가 열렸으며, 벨기에에 국제비둘기애호가연맹이 있다.

후림비둘기 다른 비둘기를 꾀어 후려 들이는 비둘기.

이건 또 뭘까? 이 말은 본래부터 우리가 쓰던 말이 아니고, 'stool pigeon'이라는 영어를 번역한 말이다. 미국 개척 시대에 북아메리카 대륙에는 '나그네비둘기' 혹은 '여행비둘기'라고 부르는 비둘기가 무척 많았다. 19세기 초만 해도 30억 내지 50억 마리가 있었다고 할 정도다. 그런데 식량과 깃털 등을 얻기 위해 비둘기를 마구 잡아들이는 바람에 1910년대에 이르러 전멸하게 되었으며, 1914년 동물원에 있던 마지막 한 마리가 죽음으로써 영원히 자취를 감추었다.

비둘기를 손쉽게 잡을 수 있는 방법을 고민하다 생각해 낸 게 비둘기 한 마리를 의자나 횃대 같은 곳에 묶어 놓고 호기심 많은 다른 비둘기들이 꼬이도록 하는 것이었다. 여기서 생겨난 말이 'stool pigeon'이다. 이런 설명을 우리나라 국어사전에 기대하는 건 무리일 터다. 그런데 신기하게도 이런 낱말이 표준국어대사전에 보인다.

스툴(stool) 등받이와 팔걸이가 없는 서양식의 작은
의자.

'스툴'에는 몇 가지 뜻이 있는데, 후림비둘기를 앉히는 홰의 뜻도 있다. 그리고 'stool pigeon'은 후림비둘기 외에 첩보원이나 끄나풀이라는 뜻으로도 사용된다.

이번에는 꼴뚜기에 대해 알아볼까 한다.

꼴뚜기 『동물』 꼴뚜깃과의 귀꼴뚜기, 좀귀꼴뚜기,

잘록귀꼴뚜기, 투구귀꼴뚜기를 통틀어 이르는 말.

꼴뚜기를 이렇게 풀어도 되는 걸까? 표제어에 꼴뚜깃과가 따로 있나 살펴보니 안 보인다. 그렇다면 꼴뚜기라는 낱말에 대한 정보는 어디서 찾아야 할까? 이 풀이에 나온 꼴뚜기 중에서 '귀꼴뚜기'만 표제어에 있다.

귀꼴뚜기 『동물』 꼴뚜깃과의 하나. 몸은 애기꼴뚜기보다 크고 자루 모양이며 살색이고 보라색 반점이 있다. 지느러미는 양쪽에 하나씩 달려 있고 다리는 열 개다.

풀이에 있는 '애기꼴뚜기'는 그런 종이 있는 건지 꼴뚜기 새끼를 말하는 건지 모르겠다. 붙여 쓴 걸 보아 꼴뚜기 종류 같지만 표제어에는 없다. 애기꼴뚜기보다 크다고만 했지 정작 어느 정도 크기인지를 알 방법이 없다.

고려대 한국어대사전에서는 '꼴뚜기'를 이렇게 풀었다.

꼴뚜기 『동물』 화살오징엇과에 속한 연체동물.

몸길이는 60밀리미터 정도로, 오징어와 비슷하게 생겼지만 오징어보다 작다. 몸빛은 흰색 바탕에 자줏빛 반점이 있으며 다리는 10개이다. 4~5월경에 남해에서 많이 잡히며, 주로 젓갈을 만들어 먹는다. 학명은 Loligo beka이다. 한자어식으로 골독어(骨獨魚)라고 쓰기도 한다.

이 정도는 돼야 제대로 된 풀이가 아닐까 싶다. 표준국어대사전에서는 꼴뚜기를 꼴뚜깃과라고 했고, 고려대 한국어대사전에서는 화살오징엇과라고 했다. 어느 게 맞을까? 두산백과에 따르면 화살오징엇과라고 한다.

꼴뚜기구이 마른 꼴뚜기를 토막 내고 양념하여 구운 음식.

마른 꼴뚜기를 토막 낸다고? 1957년에 한희순, 황혜성, 이혜경 등이 발간한 궁중음식 조리서인 『이조궁중요리통고』李朝宮中料理通攷에서는 꼴뚜기구이를 다음과 같이 설명하고 있다.

꼴뚜기 마른 것을 물에 불려서 안팎을 긁고 칼질해 놓는다. 소고기를 다져서 간장, 설탕, 후춧가루, 깨소금, 참기름, 파, 마늘로 양념하여 꼴뚜기의 한쪽 편에 발라 굽는다.

안팎을 긁는다는 말은 있지만 토막 낸다는 말은 없다.

꼴뚜기어채(———魚菜) 꼴뚜기를 토막 내고 녹말가루를 묻혀 물에 데친 음식.

여기서도 토막을 낸다고 해 놓았다. 그런데 꼴뚜기어채라는 음식은 다른 자료를 찾아도 잘 나오지 않아 일단 '어채'라는 말부터 찾아보았다.

어채(魚菜) 음식의 하나. 생선과 익힌 쇠허파, 곤자소니, 해삼, 전복 따위를 잘게 썰어 실파, 감국 잎, 표고, 석이 따위와 함께 섞어 녹말에 무친 다음 끓는 물에 데쳐서 깻국에 넣어 먹는다.

표준국어대사전에 '어채'가 들어간 말로는 가오리어

채, 낙지어채, 이어채鯉魚菜, 조개어채, 숭어어채, 홍어어채
등이 있다.

가오리어채(———魚菜) 토막 친 가오리를 녹말에 묻혀,
끓는 물에 데쳐서 만든 음식.
이어채(鯉魚菜) 잉어 어채.

'어채'는 뜻풀이에 있는 것처럼 물고기만 재료로 사용
하는 게 아니라 다른 채소도 많이 들어간다. 채소를 뜻하는
'채'菜가 붙은 이유다(채를 썬다고 할 때의 '채'는 한자어가
아니라 고유어다). 그런데 가오리어채를 비롯한 다른 어채
의 풀이에서는 채소 관련 내용이 나오지 않는다. '이어채'
풀이의 부실함은 더욱 말할 필요가 없겠다. 다른 생선은 덩
치가 크니까 토막을 낸다지만 꼴뚜기는 토막을 낼 필요가
없을 것이다.

참고로, 예전에 생선과 채소를 함께 파는 어채시장이
주요 도시마다 있었는데, 이 말은 국어사전에서 찾을 수
없다.

꼴뚜기젓 꼴뚜기로 담근 젓.

이런 식으로 풀이를 달면 국어사전은 아무나 만들 수 있지 않을까? 고려대 한국어대사전에서는 이렇게 풀이했다.

꼴뚜기젓 꼴뚜기를 갖은 양념에 버무려 삭힌 음식.

이번에는 벌레와 관련된 낱말들이다.

면충(綿蟲) 『동물』진딧물상과의 곤충 가운데 흰 납상(蠟狀) 물질을 분비하는 유시충(有翅蟲)을 통틀어 이르는 말. 유시충은 종류에 따라 나는 시기가 다르며 마치 솜 조각이 나는 것처럼 보인다.

풀이에서 '진딧물상과'라는 말이 이상하다. 분류상 그런 과는 존재하지 않으며, 고려대 한국어대사전에는 '진딧물과'라고 나온다. '납상'과 '유시충'은 또 무얼 말하는 걸까? 표제어에도 없는 이토록 어려운 낱말로 풀이를 해 놓고 나 몰라라 하면 국어사전의 쓸모를 어디서 찾아야 할까? 궁금증을 꾹 참고 면충 종류에 '오배자면충'이라는 게 있기에 이건 뭔가 하고 들여다보았다.

> **오배자면충**(五倍子綿蟲) 『동물』 면충과의 곤충. 몸은
> 검은색이며, 더듬이는 다섯 마디이다. 붉나무의 잎에
> 벌레혹, 즉 오배자를 형성한다. 한국, 일본, 중국 등지에
> 분포한다.

'오배자면충'이라고 하면 면충의 한 종류일 텐데 여기
서는 분류를 '면충과'라고 했다. 표제어에 '면충과'가 있으
며, '곤충강 매미목의 한 과'라고 풀이했다. 대체 면충은 진
딧물과에 속하는지 면충과에 속하는지 궁금한데, 백과사
전을 봐도 설명이 서로 다르게 되어 있다. 이번에도 궁금증
을 참고 풀이에 나오는 '오배자'를 찾아보았다.

> **오배자**(五倍子) 『한의학』 붉나무에 생긴 혹 모양의
> 벌레집. 타닌이 들어 있어 기침, 설사, 출혈증의
> 약재로 쓰거나 잉크, 염료 따위의 재료로 쓴다.
> ≒몰식자·문합(文蛤)·백충창

비슷한 말 중에 '백충창'이 보이기에, 면충이 있으면

'백충'도 있겠다는 데 생각이 미쳤다.

백충(白蟲) '조충'(條蟲)의 전 용어.

조충(條蟲) =조충류.

조충류(條蟲類) 조충강의 동물을 일상적으로 통틀어
이르는 말.

조충강(條蟲綱) 『동물』편형동물문의 한 강. 대개
암수한몸으로 변태를 하며 위창자관이 퇴화한 점이
흡충류(吸蟲類)와 다르다.

정말 어렵게 돌고 돌아 조충강까지 왔지만, 풀이를 봐
도 뭔지 잘 모르겠다. 다음 낱말들을 보고서야 '아, 기생충
의 한 종류구나' 하고 깨달았다. 백충, 즉 조충은 예전에 우
리가 흔히 촌충寸蟲이라고 부르던 기생충이다.

촌충(寸蟲) '조충'(條蟲)의 전 용어.

구충(九蟲) 『한의학』사람의 배 속에 있는 아홉 가지
기생충. 복충(伏蟲), 회충(回蟲), 백충(白蟲), 요충(蟯蟲),
약충(弱蟲), 폐충(肺蟲), 위충(胃蟲), 육충(肉蟲),
적충(赤蟲)을 이른다.

'복충', '약충', '육충'은 표제어에 없다. 그리고 '회충'은 뭘까? 고려대 한국어대사전에는 한자가 '蛔蟲'으로 되어 있다. 표준국어대사전의 한자 표기가 틀렸다. '적충'을 찾아가면 모기의 애벌레인 장구벌레라고만 나오고, 기생충의 종류를 가리키는 항목은 없다.

끝으로 사과 종류를 하나 살펴보기로 하자. 다음 낱말을 보면 고려대 한국어대사전이 여러 면에서 낫긴 하지만 부족한 점도 있음을 알 수 있다.

아오리 『식물』 사과 품종의 하나. 골든데리셔스에 홍옥을 교배하여 만들었다. 저장 중 껍질에 유질이 나오는 특징이 있으며 8월 하순에서 9월 상순경에 수확한다.

표준국어대사전에는 올라 있지 않은 낱말이다. 일본말이라도 일상생활에서 많이 쓰이므로 올리는 게 맞다고 본다. 그런 면에서 고려대 한국어대사전이 표제어로 선정한 건 잘했다고 생각하지만 풀이는 엉망이다.

우선 '골든데리셔스'부터 보자. 같은 사전 표제어에

골든데리셔스는 없고 대신 이런 낱말이 보인다.

딜리셔스(Delicious) 『식물』 사과 품종의 하나. 과실은
크고 껍질은 진홍색이다. 과육은 노란빛을 띠며 맛이
달고 향이 좋다. 북아메리카 원산이다.

어떻게 해서 '데리셔스'라는 엉터리 표기를 끌어들이
게 됐는지 모르겠다.

이어서 살펴볼 말은 풀이에 나오는 '유질'이다. 한자
표기가 없어 정확한 의미를 파악하기 어려운데, 표제어에
오른 '유질'이라는 낱말에는 앞의 풀이에 합당한 뜻이 없
다. 그래서 두산백과에서 '아오리'를 찾아 필요한 부분만
발췌했다.

아오리(쓰가루) 일본 아오모리 사과시험장에서
'골든 딜리셔스'에 '홍옥'을 교배하여 '아오리 2호'로
이름 지었다가, 1975년에 '쓰가루'란 이름으로 최종
등록하였다. 우리나라에는 1973년에 도입하여 1976년에
선발하였으며 '아오리'로 더욱 잘 알려져 있다.
껍질은 엷은 붉은빛(담홍색)이다. 속살은 황백색으로

조직이 치밀하고 과즙이 많아 맛이 매우 좋다. 저장 기간은 20일 정도이고, 저장 중 열매 표면에서 유질(脂質, 물에 녹지 않는 유연성을 가진 물질)이 나온다.

여기에 '유질'이라는 말이 나온다. 그런데 한자 '脂質'을 '유질'이라고 읽었다. '脂'는 '지'로 발음하지 '유'로 읽지 않는다. 백과사전을 편찬한 사람이 잘못 표기한 걸 국어사전이 그대로 가져왔다. 같은 사전에서 '지질'을 다음과 같이 풀어 놓았다.

지질(脂質) 생물체 안에 존재하며, 물에 녹기 어렵고 유기 용매에 녹기 쉬운 기름 모양 물질을 통틀어 이르는 말.

참고로 아오리, 즉 쓰가루에 대한 상식을 알아보자. 아오리를 푸른빛이 도는 사과로 알고 있는데, 본래는 붉은색을 띤 사과다. 아오리에 붉은색이 나타나려면 수확기 무렵에 약간 낮은 온도가 필요하지만 우리나라 기후로는 그 정도의 저온이 유지되지 않아 푸른색을 띠게 된다. 그리고 아오리는 수확기 무렵에 낙과가 아주 심한 품종이어서, 낙과가 되기 전에 약간 덜 익은 상태에서 수확하기 때문이기도 하다.

(1) 인명

국어사전에는 수많은 인명人名이 등장한다. 역사에서
의미를 갖는 인물이라면 실을 수도 있지만, 굳이 실어야 했
는지 의문이 드는 인물의 이름도 많다. 가령 이런 경우다.

> **강시**(姜詩) 중국 후한(後漢)의 사람(?~?). 아내
> 방씨(龐氏)와 함께 어머니를 극진히 봉양하여 중국
> 24효자(孝子)의 한 사람으로 불린다.

24효자 중의 한 명이라! 그런데 나머지 23명이 누군지
는 아무리 찾아도 나오지 않는다. 이왕 실을 거면 『한국민
족문화 대백과사전』과 두산백과에 오른, 고려 말과 조선

초의 문신인 강시姜蓍를 실었어야 하는 게 아닌가 싶다. 참, 죽었으면서도 살아 있는 것 같은 형상을 한(좀비와 같은) 강시僵尸라는 말도 국어사전에는 없다(강시僵屍/殭屍가 표제어로 있기는 하나, '얼어 죽은 시체'와 '쓰러져 있는 시체'라는 풀이만 있다).

중국 효자가 유명하다면, 우리나라 역사에는 유명한 효자가 없을까? 『삼국유사』에 늙은 어머니를 극진히 모신 손순孫順이라는 효자가 나온다. 하지만 손순은 표제어에 없다. 우리나라 효자 대신 중국 효자를 국어사전에 올리는 건 온당한 처사가 아니다.

삼인(三仁) 중국 은나라 말기에 있었던 세 사람의 어진 사람. 미자(微子), 기자(箕子), 비간(比干)을 이른다.

미자, 기자, 비간이 누굴까? 궁금하지만 세 사람은 표제어에서 빠져 있다. 궁금증만 불러일으킬 걸 대체 왜 올렸을까? 뜻풀이마저 어설픈 문장으로 이루어져 있어 눈살을 찌푸리게 한다. '사람'이라는 말이 앞뒤로 두 번이나 쓰여서 어색하게 읽히기 때문이다. 나 같으면 '중국 은나라 말기에 어질기로 소문났던 세 사람' 정도로 풀이했을 것이다.

표준국어대사전에는 중국 승려가 100명 이상 나온다. 그중에 보화라는 사람이 있다.

보화(普化) 중국 당나라의 승려(?~860). 방울을 흔들며 각처를 돌아다니며 중생을 교화하였다. 보화종의 개조(開祖)이다.

워낙 많은 승려 이름이 올라 있으니 그러려니 하다가 다음 낱말을 보고 그만 말문이 막혀 버렸다.

보화기(普化忌) 『불교』 중국 당나라의 승려 보화(普化)의 기일(忌日). 음력 6월 13일이다.

우리가 중국 승려의 기일까지 알아야 할 이유가 도대체 뭔지 모르겠다.

이제 우리나라로 돌아와서 표준국어대사전에 실린 옛사람들을 살펴보자.

사육신(死六臣) 『역사』 조선 세조 2년(1456)에 단종의 복위를 꾀하다가 처형된 여섯 명의 충신. 이개, 하위지, 유성원, 성삼문, 유응부, 박팽년을 이른다.

사육신묘(死六臣墓) 『고적』 서울특별시 동작구 노량진동에 있는 사육신의 묘. 조선 세조 때에 단종의 복위를 꾀하다가 처형된 여섯 사람의 묘가 있다.

이 설명은 정확할까? 풀이에 '처형된 여섯 사람'이라고 했는데(고려대 한국어대사전도 같은 내용으로 풀이해 놓았다), 유성원 항목에서는 이렇게 설명하고 있다.

유성원(柳誠源) 사육신의 한 사람으로, 1456년 성삼문 등과 단종의 복위를 꾀하다 탄로가 나자 자살하였다. 시조 한 수가 『가곡원류』에 전한다.

자살과 처형은 분명히 다르다. 따라서 '자결(자살보다는 자결이 더 나은 표현이겠다)하거나 처형당한 여섯 사람'이라고 하는 게 맞다. 그리고 사육신묘에는 이 여섯 사람 외에 김문기金文起의 가묘도 있다. 김문기 역시 단종 복위 사건에 연루되어 함께 처형당했으며, 후손들의 요청에 따라 1977년 7월 국사편찬위원회에서 "김문기를 사육신의 한 사람으로 현창顯彰하는 것이 마땅하다"는 결의를 만장일치로 채택했다.

이왕 살펴본 김에 사육신 중 두 명에 대한 풀이도 함께 따져 보자.

이개(李塏) 조선 전기의 문신(1417~1456). 자는
청보(淸甫)·백고(伯高). 호는 백옥헌(白玉軒). 직제학을
지냈으며, 시문이 청절(淸節)하고 글씨를 잘 썼다.
사육신의 한 사람으로, 세조 2년(1456)에 단종의 복위를
꾀하다 발각되어 처형되었다.

풀이에서 '청절'이라는 말이 걸린다. 같은 사전에서
'청절'은 '맑고 깨끗한 절개'라고 풀이해 놓았고, '청절하다'淸節——라는 말은 표제어에 없다. 대신 '청절하다'淸切——
가 있는데 '맑고 깨끗하다'라는 풀이가 달려 있다. 따라서
시문을 평할 때는 '淸節'이 아니라 '淸切'을 써야 문맥에 어울린다.

성삼문(成三問) 조선 세종 때의 문신(1418~1456). 자는
근보(謹甫). 호는 매죽헌(梅竹軒). 집현전 학사로 세종을

도와 훈민정음을 창제하였다. 사육신의 한 사람으로,
세조 원년에 단종의 복위를 꾀하다가 실패하여
처형되었다. 저서에 『성근보집』(成謹甫集)이 있다.

　　'사육신' 풀이에서 단종 복위 사건은 세조 2년에 있었
다고 했고, 그게 정확하다. 그런데 왜 성삼문을 설명하면
서는 '세조 원년'이라고 했을까? 사전에서 '원년'을 '임금
이 즉위한 해. 또는 임금이 즉위한 이듬해'라고 풀이하고
있으니 아주 틀린 설명은 아니다. 그럼에도 오해를 불러일
으키기 쉬운 '원년'이라는 표현을 쓴 건 그리 적절해 보이
지 않는다. '처형되었다'도 '처형당했다'라고 하는 게 좋겠
다. '김문기' 풀이에서도 '단종 복위 모의에 가담하였다가
사육신과 함께 살해되었다'고 했는데, '살해' 대신 '사형'
혹은 '처형'이라고 했어야 한다.
　　사육신에 이어 생육신 이야기를 해 보자.

　　생육신(生六臣) 『역사』 조선 시대에, 세조가
　　단종으로부터 왕위를 빼앗자 벼슬을 버리고 절개를
　　지킨 여섯 신하. 이맹전, 조여, 원호, 김시습, 성담수,
　　남효온 또는 권절을 이른다.

생육신으로 지칭된 사람 중 '성담수'의 풀이는 다음과 같다.

성담수(成聃壽) 조선 세조 때 생육신의 한

사람(?~1456). 자는 이수(耳叟). 호는 문두(文斗).

단종 복위 사건에 연루되어 김해로 유배되었다가

풀려났으나, 그 뒤에 벼슬을 단념하고 고향에

은거하였다.

죽은 해를 1456으로 표기했는데, 그해는 단종 복위 사건이 일어난 해다. 성담수는 그해에 죽은 게 아니다. 사육신의 죽음과 혼동해서 그렇게 표기한 모양이다. 인명사전을 뒤졌더니 생몰연도가 미상이라고 되어 있다.

단종 복위 사건에 연루되어 김해로 유배를 간 사람은 성담수가 아니라 그의 아버지 성희成熺였다. 성희는 3년 뒤에 풀려났으나 곧 숨졌으며, 이에 성담수는 충격을 받고 벼슬길에 나가는 걸 포기했다. 그러니 단종 복위 사건 이후에도 꽤 오래 살았다는 얘기가 된다.

사전 편찬자가 역사 전문가는 아니므로 실수할 수도

있다. 역사학자가 정리해 온 걸 그대로 실었을 텐데, 그 과정에서 검증을 안 한 모양이다. 검증을 안 한 책임은 오롯이 사전 편찬자에게 돌아간다.

생육신 항목에 나온 사람 중 다른 사람은 다 표제어에 있는데 조여와 권절은 빠져 있다. 이 부분도 이해하기 어렵다.

국어사전에 인명을 지나치게 많이 싣는 건 바람직하지 않다고 생각하는데, 표준국어대사전은 지나치다 싶을 만큼 많은 인명을 싣고 있다. 그것도 별다른 기준 없이 말이다. 그래서인지 일반인에게 거의 알려지지 않은 외국 사람 이름도 숱하게 등장한다. 균형을 잃은 처사라는 생각을 지울 수 없다.

이 책이 국어사전을 다루고 있는 만큼 이번에는 사전과 관련한 사람 몇 명을 살펴보자.

언더우드(Underwood, Horace Grant) 미국의
의학자·선교사(1859~1916). 1884년에 초대 주한(駐韓)
선교사로서 경신 학교를 설립하고, 1915년에는 연희
전문학교의 교장이 되어 교육 사업에 헌신하였다.
저서에 『영한사전』, 『한영사전』 따위가 있다.

언더우드(Underwood, Horace Horton) 서울 태생의 미국인 선교사·교육가(1890~1951). 언더우드(Underwood, H. G.)의 아들로 경신 학교 교사, 조선 신학 대학 교수·학장을 지냈다. 저서에 『영한사전』 따위가 있다.

두 사람은 부자지간이다. 아버지 언더우드의 한글 이름인 '원두우'元杜尤도 표제어로 올라 있다. 저서로 『영한사전』, 『한영사전』이 나오는데, 겹낫표 표시로 보아 책 제목임을 알 수 있다. 그렇다면 책 제목을 제대로 밝혀 주었어야 한다. 출간 당시 정확한 제목은 『영한ㅈ뎐』英韓字典, 『한영ㅈ뎐』韓英字典이었다. '자전'을 왜 '사전'으로 바꿔치기했는지 모르겠다. 더구나 아들 언더우드도 『영한사전』을 썼다고 되어 있다. 조사해 봤더니 아버지가 지은 책을 개정해서 낸 것으로, 제목은 『영선자전』英鮮字典이었다.

다른 사람을 한 명 더 보자.

게일(Gale, James Scarth) 캐나다의 선교사(1863~1937). 1888년 내한하여 선교 활동을 하였고 아펜젤러, 언더우드 등과 성경을 한역(韓譯)하였다. 1898년 최초의

한영(韓英)사전을 편찬·출판하였으며, 「구운몽」,
「춘향전」 따위의 한국 고전을 영역(英譯)하였다.

이 사람도 한영사전을 냈다고 되어 있다. 사전 제목은
언더우드가 편찬한 것과 마찬가지로 『한영ᄌ뎐』인데, 여
기는 겹낫표 표시가 없으므로 별 문제가 되지 않는다. 정작
문제는 앞에 '최초의'를 붙였다는 점이다.

언더우드는 1890년에 『영한ᄌ뎐』과 『한영ᄌ뎐』을 일
본 요코하마에서 발행했다. 당시 우리나라에는 한글 활자
가 없어서 일본에서 한글 활자를 주조하여 발행했다고 한
다. 처음에는 두 권으로 냈다가 나중에 한 권으로 묶었다.
그리고 게일은 풀이에 있는 대로 하면 1898년에 사전을 편
찬했으니, 언더우드가 먼저 한영사전을 냈다고 할 수 있
다. 그리고 게일이 사전을 펴낸 해는 1898년이 아니라 1897
년이다.

참고로 언더우드가 사전을 편찬할 때 『한영ᄌ뎐』은
게일의 도움으로, 『영한ᄌ뎐』은 헐버트H.B. Hulbert의 도움
으로 완성했다고 한다.

최치혁(崔致爀) 조선 시대의 천주교 신자(1809~1878).

일명 선일(善一). 세례명은 요한. 중국에서
『한불자전』(韓佛字典),『한어문전』(韓語文典)의 편찬에
종사하였다.

'편찬에 종사하였다'를 어떻게 해석해야 할까? 최치
혁은 1878년에 죽었고,『한불자전』은 1880년에,『한어문
전』은 1881년에 간행되었다. 두 책의 간행은 리델이라는
사람과 연관이 있다.

리델(Ridel, Félix Clair) 프랑스의 천주교
신부(1830~1884). 파리 외방 선교회 소속으로, 1861년
우리나라에 들어왔으나 천주교 박해로 추방되었다.
일본에서『한불문전』,『한불사전』을 감수하였다.

『한불문전』은『한어문전』을 잘못 표기한 것이고,『한
불사전』도『한불자전』이라고 해야 맞다. 그리고 '감수하
였다'는 표현도 이상하다. 두 책은 최치혁이 천주교 탄압
을 피해 중국으로 도피해 있을 때 리델 신부를 비롯한 파리
외방 선교회 사람들과 함께 만들었다. 백과사전 같은 데에
는 리델이 편찬했다고 되어 있으나, 여러 명이 공동 작업

한 결과물이라고 하는 게 정확할 듯하다. 그 작업에서 리델 신부가 중심 역할을 한 것으로 보인다. 따라서 리델 신부가 단순히 감수만 했다고 보기는 어렵다. 리델은 1881년에 『조선어문법』을 낼 정도로 한국어 실력이 상당한 수준이었다.

앞에서 최치혁이 '편찬에 종사하였다'라고 한 부분도 틀렸다고 볼 수는 없으나, 자세한 내용을 모르는 사람이 보면 최치혁 혼자 만든 것으로 오해할 수 있다(작업은 중국에서 하고 간행은 일본 요코하마에서 했다). '편찬 과정에 참여했다' 정도가 어떨까 싶다.

최치혁은 글씨를 매우 잘 썼다. 그래서 두 책을 인쇄할 때 최치혁이 평소에 쓴 글씨를 모아 그 형태로 한글 활자를 주조했다고 한다. 그 글자들을 '최지혁체'라고 부르기도 한다. '최치혁체'가 아니라 '최지혁체'라고 했는데, 백과사전에 따라 이름이 다르다. 『한국민족문화 대백과사전』에는 '최지혁'崔智爀으로 되어 있고, 두산백과와 표준국어대사전에는 '최치혁'崔致爀으로 되어 있다. 『한글글꼴 용어사전』에도 '최지혁체'로 올라 있다. 둘 중에 어느 이름이 정확한지 내 능력으로는 파악이 안 된다. 누가 제대로 연구해서 정확한 이름을 밝혀 주면 좋겠다.

이어서 표준국어대사전에 실린 인명 중에서 근대 이후의 사람들을 살펴보기로 하자.

이병일(李炳逸) 영화감독(1910~1978). 광복 후 미국의 할리우드에서 영화감독에 종사하였다. 작품에 『시집가는 날』, 『자유 결혼』, 『서울로 가는 길』 따위가 있다.

'할리우드에서 영화감독에 종사하였다'라고 하면 할리우드에서 영화를 찍었다는 뜻인데, 실은 미국에서 3년 정도 영화 공부를 하고 돌아왔을 뿐, 풀이에 나온 영화는 모두 우리나라에서 찍었다.

김일엽(金一葉) 시인·승려(1896~1971). 본명은 원주元周. 한국 최초의 여성 잡지 『신여성』을 창간하고 여성 해방과 자유연애를 부르짖었으나, 결혼에 실패한 뒤에 수덕사 견성암에 들어가 여승으로 생애를 마쳤다. 저서에 수필집 『청춘을 불사르고』, 『어느 수도인의 회상』 따위가 있다.

풀이에서 잡지 명칭이 틀렸다. 『신여성』이 아니라 『신여자』新女子다.

전창근(全昌根) 영화감독(1908~1975). 중국 우창(武昌) 대학을 졸업하고, 상하이(上海)에 있을 때부터 영화계에 관여하였다. 작품에 『자유 만세』, 『단종 애사』(端宗哀史), 『여인 천하』 따위가 있다.

전창근 감독이 『여인 천하』라는 영화를 만들었다는 기록은 없다. 『여인 천하』는 1962년에 윤봉춘 감독이 만들었다. 그리고 사망한 해는 1975년이 아니라 1972년이다.

김관호(金觀鎬) 서양화가(1890~?). 고희동과 함께 우리나라의 서양화 개척에 쌍벽을 이루며, 샤반풍(Chavannes風)의 밝고 세련된 인상주의적 화풍을 지녔다.

'샤반풍'이 뭘 말하는지 아는 사람이 얼마나 될까? 표제어에 올라 있지 않아서 따로 찾아보니 프랑스 화가인 퓌비 드샤반Puvis de Chavannes의 화풍을 말한다. 사망 연도를 미상으로 해 놓았는데, 1959년 10월 20일에 사망했다. 그리고 대표작 하나 정도는 실어 주었어야 하지 않을까? 한국인이 그린 최초의 누드화로 알려진 「해질녘」이 그의 대표작이다.

김소월(金素月) 시인(1902~1934). 본명은 정식(廷湜). 김억의 영향으로 문단에 등단하였고, 1922년에 『개벽』에 대표작 「진달래꽃」을 발표하였다. 민요적인 서정시를 썼으며 작품에 「산유화」(山有花), 「접동새」 따위가 있고 시집 『진달래꽃』, 『소월 시집』 따위가 있다.

김소월이 생전에 낸 시집은 『진달래꽃』이 유일하다. 그 후 유족의 의사와 상관없이 여기저기서 수많은 시집이 쏟아져 나왔고, 김소월 사후 20년이 넘어 나온 『소월 시집』도 그중 하나일 뿐이다.

노천명(盧天命) 시인(1912~1957). 초기에는 감상적인 서정시를 썼으나 뒤에는 사랑과 종교적 참회를 그린 시를 썼다. 시집에 『사슴의 노래』, 『노천명 시집』, 『산호림』(珊瑚林) 따위가 있다.

출생 연도는 1912년이 아니라 1911년이다. 노천명이 생전에 낸 시집은 『산호림』, 『창변』窓邊, 『별을 쳐다보며』 세 권이다. 『사슴의 노래』는 사후 1주기에 맞춰 나왔고, 『노천명 시집』이란 건 없다. 1960년에 『노천명 전집: 시편』이 간행되었을 뿐이다.

오상순(吳相淳) 시인(1894~1963). 호는 선운(禪雲)·공초(空超). 『폐허』(廢墟)의 동인으로 문단에 나와 운명에 대한 순응, 동양적 허무 따위를 노래하였다. 작품에 「아시아의 마지막 풍경」, 「방랑의 마음」, 「첫날밤」, 「해바라기」 따위가 있다.

오상순의 대표작은 「아시아의 마지막 풍경」이 아니라 「아시아의 마지막 밤 풍경」이다.

황신덕(黃信德) 교육자·사회 운동가(1898~1984).

황신덕은 1984년이 아니라 1983년 11월 22일에 사망했다.

표준국어대사전에는 수많은 인명이 등장한다. 외국 사람들은 알기도 힘들고, 그래서 우리나라 사람 몇 명만 찾아본 결과다. 이렇게 찾아낸 오류 말고도 숱한 오류가 있을 걸로 짐작된다.

지명地名 이야기로 넘어가기 전에 곁다리 삼아 풀이에 사람 이름이 나오는 다른 항목 몇 개만 살펴보았으면 한다.

> **개벽**(開闢) 『문학』1920년에 김기진, 박영희 등이 참여한 최초의 월간 종합지. 천도교 기관지로 초기 신경향파 문학이 성장하는 터전이 되었으며, 1949년 3월까지 통권 81호를 발간하였다.

『개벽』은 1926년 8월에 1차 폐간되었다. 8년 후인 1934년 11월에 편집인 겸 발행인인 차상찬의 명의로 속간되었으나, 1935년 3월에 겨우 4호를 내고는 도저히 견딜 수 없는 상황을 맞아 자진해서 2차 폐간했다. 그러다 해방 후 1946년 1월에 속간(발행인 김기전)되어 1949년 3월까지 9호를 내고는 영영 사라졌으니, 통권 85호였다.

> **서광**(曙光) 『문학』1919년에 창간된 종합 월간지.

오천석, 오상순, 이병도, 장덕수 등이 집필한 것으로,
당시 일어났던 신문예 운동에 기여하였다.

『서광』은 문흥사가 발행한 종합 학술지로, 1919년 11월에 창간하여 1921년 1월까지 통권 8호로 종간되었다. 발행 권수를 볼 때 월간지라고 보기에는 무리가 있으며, 잡지 발간에 참여한 사람들이 '집필'했다고 한 건 잘못된 표현이다. '집필자로 참여했다' 정도로 풀었어야 한다.

근우회(槿友會) 『역사』 일제 강점기에, 여성의 지위 향상과 항일 구국 운동을 위하여 결성한 단체. 1927년에 김활란(金活蘭), 유각경(兪珏卿) 등이 창립한 것으로, 신간회의 자매단체로서 크게 활약하다가 1930년에 신간회와 함께 해산되었다.

1930년이 아니라 1931년에 해산했다.

색동회(色—會) 『문학』 아동 문학과 아동 운동을 위하여 1922년 일본 도쿄에서 방정환, 마해송, 윤극영, 손진태, 조재호 등이 창립한 단체.

1922년이 아니라 1923년에 창립했다.

(2) 지명

표준국어대사전에는 무척 많은 지명이 실려 있는데, 우선 섬 이름부터 살펴보자.

소청도(小靑島) 인천광역시 옹진군에 속하는 섬. 면적은 2.94제곱킬로미터.

'소청도'는 있는데 '대청도'는 표제어에 보이지 않는다. 사전 편찬자가 작은 건 보면서 큰 건 보지 못하는 외눈박이인가 싶다. 거꾸로 '대연평도'는 있는데 '소연평도'는 없다. 그렇다면 보고 싶은 것만 보는 외눈박이라고 하는 게 더 정확한 표현이겠다.

우리나라에는 섬이 참 많다. 그러니 모든 섬 이름을 다 실을 수는 없는 노릇이다. 문제는 선정 기준인데, 그런 기준이 없다는 건 여러 차례 얘기한 바 있다. 섬의 크기가 기준인지 유명도가 기준인지 도무지 모르겠다.

문도(蚊島) 제주특별자치도 서귀포시 서귀동에 속하는
섬. 면적은 0.94제곱킬로미터.
문도(文島) 전라남도 영암군 삼호면 나불리에
속하여 있던 섬. 1981년에 영산강 하굿둑 준공으로
길이 4,351미터의 대방조제와 동양 최대의 호수가
축조되었다. 면적은 0.02제곱킬로미터.

한자는 다르지만 '문도'가 두 개나 표제어에 올라 있는
데, 둘 다 면적이 1제곱킬로미터도 되지 않는 작은 섬이다.
영암군에 있는 문도는 면적이 0.02제곱킬로미터밖에 되지
않는다. 제주도에 속해 있는 섬이 여러 개인데 그중 가장
큰 우도는 표제어에 없다. 제주도와 마라도 사이에 있는 가
파도도 없다. 영암군에 딸린 섬은 나불도, 외도, 문도, 구와
도, 고마도, 서도로 여섯 개인데 그중 나불도가 가장 크다.
문도가 속한 지명이 나불리인 것만 봐도 나불도가 중심이
란 걸 알 수 있다. 이 섬 역시 영산강 하굿둑 준공으로 육지
와 연결되었다. 문도와 같은 조건인 셈인데 왜 나불도를 버
리고 문도를 취했는지 묻고 싶다.

면적이 1제곱킬로미터도 되지 않는 작은 섬이 표제어에 오른 반면 면적이 수십 제곱킬로미터나 되는 섬은 많이 빠졌다. 가령 강화도에 속한 섬 중에 볼음도는 있는데 석모도는 왜 없을까? 석모도가 더 크고(면적 42.426제곱킬로미터) 관광객도 많이 찾는데 말이다. 반면 석모도에 있는 절인 보문사는 표제어에 있다.

이번에는 고개 이름이다.

안치(雁峙) 충청남도 서천군에 있는 고개. 높이는 65미터.
어령치(於嶺峙) 충청남도 서천군에 있는 고개. 높이는 78미터.

서천군에 있는 고개인데, 높이가 100미터도 안 된다. 그렇다면 속리산에 있는 말티고개는 어디로 갔을까? 높이가 430미터에 이르고, 지명도로 봐도 안치나 어령치보다 훨씬 많이 알려졌는데 말이다.

여우^고개 강원도 춘천시에 있는 고개. 높이는 98미터.

우리나라 전국에서 '여우고개'라는 이름의 고개를 찾으면 수십 개는 될 테고, 내가 사는 부천에도 같은 이름의 고개가 있다. 그런데 왜 춘천에 있는 여우고개만 실었을까? 서울에서 과천으로 넘어가는 길에 남태령이 있다. 조선 시대에 한양에서 삼남 지방으로 가려면 반드시 거쳐야하는 관문 역할을 하던 무척 중요한 고개다. 남태령의 옛이름도 여우고개였다. 그런데 해발 183미터인 남태령은 표제어에 없다.

이런 예는 부지기수다. 김소월의 시 「옷과 밥과 자유」에 '초산 지나 적유령'이라는 구절이 나오는데, 표제어에 초산은 있으나 적유령은 없다. 적유령은 높이가 963미터에 달하는 꽤 험준한 고개로, 적유령산맥 사이에 있다. 그러고 보니 적유령산맥도 표제어에서 보이지 않는다. 규모가 작은 산맥이라서? 그렇다면 수원 쪽에 걸쳐 있는 광교산맥이 표제어에 있는 건 무슨 기준에 의한 걸까?

고개 이름과 관련한 사실 하나만 더 짚어 보자. 동학농민군 수만 명이 관군과 일본군에 맞서 싸우다 숨져 간 공주의 우금치 고개는 과연 표제어에 있을까? '우금치'라도 표제어에 있으면 앞서 지적한 문제점들을 덮어 두려 했으나 그럴 기회를 안 준다.

아쉬움을 안고 호수 이름으로 넘어가 보자.

덕진호(德津湖) 전라북도 완주군 이동면에 있는 호수.
면적은 0.28제곱킬로미터.

덕진호가 제법 알려지긴 했지만 무척 작은 호수다. 그
런데 아무리 찾아도 팔당호, 충주호가 없다. 인공호수라서
그런가 싶었지만, 같은 인공호수인 영산호와 나주호는 표
제어로 올라 있으니 이상한 일이다. 남한에서 가장 크다는
소양호도 없다.

광포(廣浦) 함경남도 정평군에 있는 호수. 동해안에
발달한 석호 가운데 가장 규모가 크다. 면적은
13.77제곱킬로미터. ≒여은포   ·
광포호(廣浦湖) 함경남도 정평군과 함주군에 걸쳐 있는
우리나라 최대의 자연 호수. 면적은 13.6제곱킬로미터.

둘은 같은 지명이므로 둘 중에 하나만 싣든지 유사어
로 처리했어야 한다. 풀이도 조금 차이가 있다. 광포가 동
해안에 발달한 석호潟湖(사취, 사주 따위가 만의 입구를 막

아 바다와 분리되어 생긴 호수) 중에서 가장 큰 건 맞는데, 광포호 풀이에 나오는 우리나라 최대의 자연 호수라는 설명은 틀렸다. 국어사전에는 올라 있지 않지만 서번포라는 호수가 있기 때문이다.

서번포(西藩浦) 함북 경흥군(현 나진선봉직할시 선봉군) 노서면에 있는 호수. 길이 11킬로미터, 너비 1.7킬로미터, 면적 16.12제곱킬로미터.

광포의 면적은 앞의 두 표제어 풀이에 서로 다르게 쓰여 있고, 따로 찾아본 백과사전들에는 면적이 더 좁게 나와 있다. 참고로 광포는 북한이 정한 천연기념물 제268호다.

매호(梅湖) 강원도 양양군에 있는 호수. 면적은 323제곱킬로미터.

지금까지 살펴본 호수들에 비해 면적이 무척 넓다. 정말 저렇게 넓은 면적을 가진 게 사실일까? 신문 기사를 보자.

24일 양양군에 따르면 매호는 지난 70년 천연기념물 제299호로 지정돼 관리되고 있으나 토사 및 오염물질 유입량이 늘어나면서 호수 면적이 23만m²에서 최근 14만m²로 크게 줄었다.

— 국민일보, 2000년 12월 24일

현남면 매호는 24만 3538m² 면적의 석호로 이번 사업은 석호수질환경 악화, 부영양화 등을 방지하기 위해 장마철 및 집중호우로 유입된 쓰레기와 주변의 고사된 갈대를 수거·제거한다.

— 뉴시스, 2013년 10월 23일

제곱미터를 제곱킬로미터로 환산하면 100만분의 1이다. 그러므로 23만 제곱미터는 0.23제곱킬로미터가 된다. 323제곱킬로미터는 터무니없이 부풀린 수치다.

청초호(靑草湖) 강원도 속초시에 있는 못. 면적은 1.3제곱킬로미터.

풀이에 '못'이라고 했는데, 제대로 된 풀이가 아니다.

호수(湖水) 땅이 우묵하게 들어가 물이 괴어 있는 곳.
대체로 못이나 늪보다 훨씬 넓고 깊다.

호수와 못은 다르고, 호수는 못보다 규모가 더 큰 걸
가리킨다.

이번에는 다른 나라의 호수를 살펴볼 차례다.

스와호(Suwa[諏訪]湖) 일본 나가노현(長野縣)의 스와
분지 북부에 있는 호수. 서쪽 연안의 덴류강(天龍江)이
시작하는 곳이다. 면적은 14.1제곱킬로미터.
르웨탄(Riyuetan[日月潭]) 대만 타이중현(臺中縣)의
산에 있는 호수. 대만 팔경(八景)의 하나로 대만 제일의
담수호(淡水湖)이다. 면적은 5.4제곱킬로미터.
네스호(Ness湖) 영국의 스코틀랜드 지방에 있는 좁고
긴 호수. 칼레도니아 운하의 일부로서, 대서양과 북해로
이어진다. 수장룡(首長龍) 비슷한 동물이 서식한다고
하나 확인된 사실은 아니다. 최대 수심은 230미터.

르웨탄은 면적이 좁은 편이지만 유명 관광지라 하니

이해할 수도 있겠다. 그런데 일본의 스와호는 어떻게 해서 우리나라 국어사전에 오르게 됐을까? 다른 나라 호수는 대개 수백에서 수만 제곱킬로미터에 달하는 것이 올라 있는데, 풀이를 봐도 특별한 게 없어 보이는 이 작은 호수를 실은 이유를 모르겠다.

네스호는 호수 안에 괴생명체가 산다는 소문으로 유명해진 호수이고, 풀이에도 그런 내용이 나와 있다. 그런데 괴생명체 명칭을 '수장룡'이라고 했다. 처음 들어 보는 낱말이고 표제어에도 없다.

스와호같이 작은 호수도 실었는데, 몽골의 홉스굴 호수는 표제어에 없다. 면적이 2,760제곱킬로미터에 달해 몽골 사람들이 '어머니의 바다'라고 부르며 여행객도 많이 찾는 곳인데 말이다.

섬 이름도 마찬가지다. 이렇게 작은 섬 이름을 왜 실었는지 모르겠다.

목요섬(木曜—) 오스트레일리아 퀸즐랜드주 북쪽 연안 토러스 해협(Torres海峽)에 있는 섬. 주변 지역 대부분은 진주조개 채취의 중심지이다. 면적은 3제곱킬로미터.

생폴섬(Saint Paul—) 인도양 남부에 있는 화산섬.

프랑스령으로 무인도이다. 면적은 7제곱킬로미터.

오션섬(Ocean—) 태평양 중부, 길버트 제도 서쪽에
있는 산호초 섬. 인광(燐鑛) 채굴로 유명하다. 면적은
6제곱킬로미터.

헬골란트섬(Helgoland—) 독일 북부,
슐레스비히홀슈타인주에 있는 섬. 해수욕장이
유명하다. 면적은 2.1제곱킬로미터.

코레히도르섬(Corregidor—) 필리핀의 루손섬 남쪽,
마닐라만 입구에 있는 화산(火山). 제이차세계대전 때에
미국과 일본의 싸움터였다. 면적은 5제곱킬로미터.

섬은 아니지만 '칭다오'靑島가 고려대 한국어대사전에
는 있는데 표준국어대사전에는 없다. 작은 도시 이름도 숱
하게 실었으면서 왜 칭다오처럼 큰 도시는 뺐을까? 칭다오
맥주를 애호하는 사람들이 알면 서운해할 일이다.

이번에는 지명이 들어간 표제어 이야기로 넘어가
보자.

적벽^대접(赤壁——) 경기도 장단군의 적벽에서 나던
대접.

저 낱말을 처음 접했을 때 몇 가지 의아한 생각이 들었다. 장단군이 경기도에 속하나? 적벽이 고장 이름인가? 그 지역에서 나던 대접이 얼마나 유명하기에 국어사전 표제어에 올랐나? 하는 것들이었다. 하나하나 살펴보도록 하자.

우선 '적벽' 하면 『삼국지』에 나오는 유명한 싸움인 '적벽대전'을 떠올리는 이들이 많으리라. 적벽대전이 표제어로 올라 있지만 그걸 알아보려 한 건 아니니 그냥 '적벽'만 보자.

적벽(赤壁) '츠비'를 우리 한자음으로 읽은 이름.
츠비(Chibi[赤壁]) 1. 중국 후베이성(湖北省) 자위현(嘉魚縣)에 있는 양쯔강(揚子江) 남쪽 강가. 삼국 시대의 싸움터로 유명하다.
2. 중국 후베이성 황강시(黃岡市)의 양쯔강 왼쪽 강가에 있는 산.

'적벽'이 중국에 있는 지명이니 중국어 발음대로 표기한 건 그럴 수 있다고 본다. 하지만 우리나라에도 '적벽'이라고 부르는 곳들이 있으니 우리 실정에 맞게 풀이한 항목도 함께 싣는 게 마땅하다. 일반명사로서 '붉은빛이 도는 바위가 깎아지른 듯한 절벽' 정도로 해서 말이다. 그리고 전남에 있는 '화순적벽'이 명승지로 유명하므로 표제어로 올릴 수도 있겠다. 화순적벽은 2017년에 국가 명승 112호로 지정됐다.

화순적벽뿐만 아니라 임진강 줄기를 따라 여러 개의 적벽이 있으며, 겸재 정선이 그린 「임진적벽도」臨津赤壁圖라는 그림도 있다. 앞에서 본 '적벽대접'의 '적벽'은 임진강 줄기 중에 있는 걸 가리키는 것으로 보인다. 하지만 적벽을 마을 이름으로 쓴 기록은 보이지 않으므로 '적벽에서 나던'이라는 표현은 적절치 않다. '적벽이 있는 마을' 정도로 해 주면 좋겠고, 구체적인 마을 이름을 알아내서 밝혀 주면 바랄 나위가 없겠다.

장단군에 대해 가장 자세히 소개한 건 '한국학진흥사업 성과포털'이다. 지명의 유래와 변화 과정부터 각 면 단위의 규모와 특성은 물론 특산물까지 세세하게 설명하고 있다. 하지만 '적벽대접'은커녕 '대접'이라는 말조차 찾을 수 없다. 장단군에서 나는 가장 유명한 특산품은 장단콩이다. 하지만 장단콩은 표제어에 없다. 놋그릇인지 사기그릇인지도 모르는 이 '적벽대접'이라는 말을 어디서 찾아 실었는지 모르겠다.

한 가지 더 짚을 것은 '경기도 장단군'이라는 표현이다. 현재 장단군이라는 명칭은 사라졌다. 일부는 북한 지역으로 편입되면서 장풍군, 판문군 등으로 나뉘었고, 일부는 남한에 편입되어 현재 파주시에 속해 있다. 장단군의 남쪽에 있던 장단면은 '파주시 장단면'이 되었다. 그러므로 이런 사정을 반영한다면 '예전에 경기도 장단면에 속하던' 정도로 풀어 주었어야 한다.

강이 있으면 나루터가 있기 마련이고, 임진강은 당연히 임진나루가 유명하다. 한강 줄기를 따라 늘어선 나루 중에 노들나루, 송파나루, 양화나루가 표제어에 올라 있으나 임진나루는 없다. 하기는 마포나루도 없으니 혼자만 서운해할 일은 아닌 듯도 하다.

표준국어대사전에는 지명이 딸린 광산 이름도 나온다.

군자^광산(君子鑛山) 경기도 시흥시 군자동에 있는
인상(鱗狀) 흑연 광산.
오류^광산(梧柳鑛山) 경기도 부천시 소사구 옥길동에
있는 인상 흑연(鱗狀黑鉛) 광산.

함창^광산(咸昌鑛山) 경상북도 상주시에 있는 토상 흑연 광산.

봉명^광산(鳳鳴鑛山) 경상북도 문경시 마성면에 있는 토상(土狀)의 흑연 광산.

흑연 앞에 '인상'과 '토상'이라는 말이 나오는데, 무슨 의미이고 둘이 어떤 차이가 있는지 알 수 없다. '인상'은 표제어에 있으며 비늘 모양이라는 뜻이라고 하니, 흑연의 결정체가 비늘 모양이구나 하는 정도로 짐작해 볼 수는 있겠다. 하지만 '토상'은 표제어도 없어 흙덩이처럼 생긴 건가 막연히 추측할 도리밖에 없다. '봉명광산' 풀이에서는 '토상'에 한자를 병기했지만, '함창광산' 풀이에는 한자마저 없어 사전을 찾는 사람이 무슨 말인지 도무지 알 길이 없다.

'인상흑연'과 '토상흑연'을 표제어로 올렸으면 좋았겠다는 생각이 든다. '합성흑연', '인조흑연' 같은 말이 표제어에 있고, 다음과 같은 말도 있으니 올리지 못할 이유가 없다.

콜로이드질^흑연(colloid質黑鉛) 『화학』 콜로이드

성질을 가진 고운 흑연 가루. 석유, 아주까리 기름,
글리세린 따위에 개어 전자관 속에 발라 전도성의
차폐막(遮蔽膜)을 만드는 데에 쓴다.

자료를 찾아보니 흑연은 결정의 크기에 따라 구분되
는데, 인상흑연은 결정이 육안으로 식별될 정도의 크기이
고, 토상흑연은 현미경으로도 결정을 식별하기 어렵다고
한다.

앞에 제시한 광산 중 오류광산은 규모도 상당히 작고
수익성도 높지 않아 폐광된 지 오래되었다. 주변에 사는 사
람들도 잘 모를 정도이고, 군자광산 역시 마찬가지다. 존
재했다는 기록조차 찾기 힘든 광산 이름을 애써 찾아 올릴
만큼 한가했는지 묻고 싶다.

이런 예는 참 많다. 지역 이름을 딴 쌀 이름 중에 뜬금
없이 다음 낱말만 있는 것을 봐도 그렇다.

통진미(通津米) 예전에, 경기도 김포시 서쪽 통진
일대에서 나는 쌀을 이르던 말.

'김포'金浦 항목에 '김포평야에서 나는 김포 쌀이 유명

하며'라는 설명이 나오는데, '김포 쌀'이나 '김포미' 같은 말은 찾아볼 수 없다. 좋은 쌀을 생산하기로 유명한 지역이 많은데, 일반 사람들이 거의 들어 보지도 못했을 '통진미'만 표제어에 오른 까닭을 모르겠다.

　호서 지방에서 나는 쌀을 뜻하는 '호서미'湖西米와 한국에서 산출되는 쌀을 뜻하는 '한국미'韓國米가 표제어에 있긴 하다. 그런데 '한국미'라는 말을 누가 얼마나 쓸까? 차라리 흔히 쓰는 '우리쌀'을 표제어로 올리는 게 나았을 텐데 싶다.

표준국어대사전에 나오는 조계종과 관련한 표제어 몇 개를 알아보자.

보화(普化)『인명』조계종의 초대 종정(宗正, 1875~1958). 속성은 설(薛). 이름은 태영(泰榮). 호는 석우(石友). 1912년에 금강산 장안사에서 구족계를 받고 응신(凝信)의 법을 이어받았다. 1954년에 대한 불교 조계종의 초대 종정이 되었다.

풀이에서 '응신의 법을 이어받았다'라는 구절이 무슨 뜻인지 몰라 헤맸다. 표제어로 '응신'을 찾으니 '응신'應身만 나와 한자 표기를 잘못했나 싶었는데, 다른 자료를 찾아보니 '응신'凝信은 장안사에 있던 스님 이름이었다. 그리고 대부분의 자료에 응신에게서는 머리를 깎았고, 구족계는 유점사楡岾寺의 김동선金東宣에게서 받았다고 나온다.

보화 스님이 조계종 초대 종정이라고 해서 이번엔 '종정' 항목을 찾아보았다.

종정(宗正) 1. 종파의 제일 높은 어른.
2.『불교』우리나라 불교의 최고 통할자로, 총본산의
우두머리.

'불교의 최고 통할자'에서 또 멈칫하게 된다. 우선 '통할자'라는 낱말이 표제어에 올라 있지 않다. 1번 풀이에는 분류 항목이 없고, 2번 풀이에 '불교'라고 분류해 놨으니 2번 풀이를 불교 용어라고 봐야 한다. 우리나라 불교에는 여러 종파가 있고 각 종파마다 종정이 있는데, 그런 사정을 따지지 않고 서술하다 보니 한 사람이 불교 전체를 대표하는 것처럼 읽힌다. 고려대 한국어대사전의 풀이처럼 해야 한다.

종정(宗正) 1. 총본산의 우두머리. 또는 교리에 따라
세운 각 종파의 우두머리.

해방 후에 대처승 인정 여부를 두고 불교계가 대립하다 조계종과 태고종으로 갈라졌다. 그러면서 대처승을 인정하지 않는 조계종이 우리나라 불교의 주류가 되었다. 그래서일까? '태고종'이 고려대 한국어대사전에는 있지만 표준국어대사전에는 없다. 아무리 소수 종파라 해도 그렇게 무시하면 안 되는 일이다. 이름도 생소한 '무궁도'無窮道라는 천도교의 한 종파와 증산교에서 갈라져 나온 '원군교'元軍敎, '대세교'大世敎 같은 것은 표제어에 올렸으면서 말이다.

박대륜(朴大輪)『인명』승려(1884~1979). 법호는
법운(法雲). 태고종의 초대 종정을 지냈다.

태고종은 없으면서 초대 종정 이름은 올려놓았으니 신통한 일이긴 하다.

조계종^신도회(曹溪宗信徒會)『불교』조계종 신도 및
신도 단체의 전국 조직체. 정식 이름은 대한 불교 조계종
전국 신도회이다.

이런 단체명까지 국어사전에 올려야 할까? 신도회 명칭까지 표제어로 올릴 정도이니 조계종의 세력이 크긴 큰 모양이다. 권력을 쥐기 위해 승려들끼리 이전투구를 벌이곤 하는 건 그래서일까?

'총무원'과 '총무원장'도 표준국어대사전과 고려대 한국어대사전에 모두 표제어로 올라 있는데, 둘 다 '조계종의 기구'라고만 풀이하고 있다. 천태종, 태고종, 열반종, 해동종 등 거의 모든 종파에 총무원이 있다. 그렇다면 조계종만이 아니라 불교계 일반에서 설치하는 기구라고 풀어 주어야 마땅하다.

종파 이야기는 접고, 불교 일반에 대한 이야기로 넘어가자. 다음은 표준국어대사전에만 있는 말이다.

영아행(嬰兒行) 『불교』 보살이 지혜가 얕은 중생을 교화하기 위하여 자비로운 마음으로 그들과 같이 작은 선행을 행하는 일. 또는 그 선행.

'영아'는 젖먹이를 말한다. 그런데 왜 '영아행'의 풀이에는 젖먹이와 관련한 내용이 전혀 없을까? 풀이가 잘못됐으리라는 심증을 갖고 찾아보았다.

불교에 오행五行이라는 게 있다. 보살이 자기의 해탈과 다른 이들의 교화를 위하여 닦는 다섯 가지 수행, 곧 성행聖行, 범행梵行, 천행天行, 영아행嬰兒行, 병행病行을 말하는데, 이는 『열반경』에 나오는 용어다. 대부분의 사람들이 영아행을 풀이할 때, 사물이나 사람을 제대로 분별하지 못하는 젖먹이처럼 빈부귀천 등에 따라 분별심을 갖고 사람을 대하지 않고 모두 공평하게 대하는 일이라고 말한다. 그런데 왜 국어사전에서는 얼토당토않은 풀이를 해 놓았는지 모를 일이다.

> **백팔종**(百八鐘) 『불교』 절에서 섣달 그믐날 밤 또는
> 아침저녁으로 큰 종을 108번 치는 일. 백팔 번뇌를
> 대치(對治)하기 위하여 친다.

'대치'라는 한자어가 참 낯설어서 국어사전을 아무리 찾아봐도 보이지 않는다. 대체 어디서 이런 낱말을 가져온 걸까?

같은 뜻으로 쓰는 다음 낱말은 제대로 풀이를 해 놓았다.

제석의^종(除夕—鐘) 『불교』 섣달 그믐날 밤 자정에
절에서 치는 종. 백팔 번뇌를 없앤다는 뜻에서 108번을
친다.

잠시 다음 낱말을 보자.

수유(酥油) 『불교』 우유를 끓여서 만든 기름. 병든
수행승(修行僧)이 약으로 복용하거나, 밀교에서
호마(護摩) 때에 오곡에 섞어 태우는 데에 쓴다.

'우유를 끓여서 만든 기름'이 뭘까? 궁금해서 다른 자
료들을 찾아보았더니 소나 양의 젖, 혹은 그것을 연유煉乳
로 가공한 것, 즉 우유를 달여서 농축한 것으로 나온다. '수
유'를 '젖기름'의 옛말이라고 풀이한 항목도 보이는데, 응
고시켜서 크림 형태로 만든 게 아닐까 싶기도 하다. 버터나
치즈 같은 종류였을 것으로 유추하는 사람들도 있다.
　『고려사』와 『세종실록』 등 여러 자료에 수유에 대한
기록이 나오는데, 주로 궁궐에 진상하여 임금이 먹거나 임
금이 신하들에게 나눠 주었다. 주로 평안도와 황해도 쪽에

수유를 만드는 수유치^{酥油赤}들이 살았다고 하는데, 대부분 달단족^{韃靼族}의 후예였다고 한다.

그런데 표준국어대사전에는 그런 내용이 전혀 없고 불교와 관련된 용어로만 풀어놓았다. 고려대 한국어대사전 역시 '밀교에서 호마 때에 쓰는 기름'이라는 짤막한 풀이만 해 놓았다.

어떻게 된 일인지 일단 '호마'라는 말부터 알아보자.

> **호마**(護摩) 『불교』불을 피우며 그 불 속에 공양물을
> 던져 넣어 태우는 의식. 불을 하늘의 입이라 생각하여
> 불에 공양물을 던지면 하늘이 이를 먹고 사람에게 복을
> 준다는 생각에서 유래하였다. 직접 호마목을 태우는가,
> 단지 관념만으로 행하는가에 따라 외호마와 내호마로
> 나눈다.

풀이에 있는 '외호마'는 표제어에 없고, '내호마'는 나온다.

> **내호마**(內護摩) 『불교』밀교(密敎)에서 닦는 호마의
> 하나. 화단이 필요 없이 마음속의 번뇌를 불태우는 것을

이른다.

풀이에 '화단'이 나오는데 한자 표기가 없다. 맥락상 '火壇'일 것 같은데, 그런 한자어는 표제어에 없고 이런 낱말만 보인다.

화단(化壇) 『불교』 주검을 올려놓고 태우는 대(臺).

주검은 사람의 시신을 말하는데, 호마라는 의식과는 잘 안 맞는 듯하다. 다음과 같이 '호마단'이라는 말이 있으므로 화단 대신 호마단을 썼어야 한다.

호마단(護摩壇) 『불교』 호마를 행하기 위하여 만든 단. 땅을 파서 깨끗한 흙으로 단을 만들고 쇠똥을 발라 크게 만든 대단(大壇)과 물로 땅을 씻어 급하게 만든 수단(水壇) 및 나무로 만든 목단(木壇)의 세 가지가 있다.

호마와 관련된 말을 한 가지만 더 보자.

삼밀호마(三密護摩) 『불교』 삼밀의 법을 닦으며 화제(火祭)로 드리는 제사.

'삼밀'이 궁금하겠지만, 거기까지 가면 복잡해지므로 풀이에 있는 '화제'만 보자.

화제(火祭) 『종교』 구약 시대에, 유대인의 제사 방법의 하나. 짐승, 유향 따위를 불살라 그 냄새를 제물로 바친다.

이건 또 어떻게 된 걸까? 유대인의 제사 방법이라고만 되어 있을 뿐 밀교와 관련된 내용은 없다. 불을 피운 다음 그 위에 희생 제물을 바치는 제사 의식은 여러 민족에게서 발견되는데, 왜 유대교 의식으로만 뜻을 풀었는지 이해하기 어렵다.

'수유'라는 낱말을 살피면서, 왜 임금에게 바치는 공물이라고 한 역사 기록의 내용과 다르게 풀이했는지 의문이 들었다.

다음 낱말을 보면서 생각해 보자.

소유(蘇油) 1. 우유로 만든 버터 모양의 기름. 먹거나

몸에 바르기도 한다. 밀교(密敎)에서는 호마(護摩)를
수행할 때 사용한다.
2. 소마나(蘇摩那)의 꽃에서 추출해 낸 향유.

1번 풀이가 '수유'와 흡사하며, 버터 모양이라고 더 자
세히 나와 있다. 그렇다면 수유와 소유가 같은 걸 가리킨
다는 말이 되는데, '酥'를 '수'로 읽지만 경우에 따라 '소'로
도 읽는다. 여기서 착오가 생긴 게 아닐까 싶다. 밀교 의식
에서 사용하던 건 소유蘇油, 임금에게 바치던 공물은 수유酥
油였던 것이다. 이렇듯 국어사전은 사람을 참 피곤하게 만
든다.
이어서 밀교에 대해 잠깐 살펴보자.

밀교(密敎) 『불교』 1. 해석하거나 설명할 수 없는 경전,
주문, 진언 따위를 이르는 말.
2. 7세기 후반 인도에서 성립한 대승 불교의 한 파.
대일경과 금강정경에 의하여 일어났다.

2번 풀이에서 보듯 밀교는 사이비 종교가 아니라 상당
히 오랫동안 인도와 중국을 비롯해 우리나라에서도 성행

했던 불교의 한 분파다. 그런데 많은 사람들이 밀교라고 하면 성적性的 행위에 큰 의미를 두는 은밀한 종교 집단을 떠올리곤 한다.

다음은 두산백과의 '밀교' 항목에 나오는 대목이다.

보통 밀교는 미신적인 주술(呪術) 체계로서, 성력(性力, sakti)을 숭배하는 타락된 불교로 인식되고 있으나, 그것은 힌두교의 탄트라(tantra) 신앙과 결합되어 말기에 나타난 좌도밀교(左道密敎)를 가리킬 따름이다.

여기서 '좌도'란 정통이 아닌 것을 뜻한다고 보면 된다. 이 설명처럼 밀교를 흔히 탄트라와 연결해서 이해하는 사람들이 많다.

탄트라불교(tantra佛敎) 『불교』 8세기 이후에 힌두교의 비교적(祕敎的) 성전(聖典)인 『탄트라』에 기초한 인도의 밀교(密敎). 민속 신앙에 기인하여 발달하였으며, 성(性)을 인정하는 것이 특징이다. 탄트라는 '날실'이라는 뜻이다.

풀이에 '인도의 밀교'라고 되어 있으니, 분명 밀교의 한 분파라고 볼 수 있겠다. 그렇다면 '밀교' 풀이에서 이런 점을 반영해 주어야 한다. '밀교' 항목의 1번 풀이만으로는 탄트라불교에 대한 설명이 되지 못한다. 탄트라불교를 흔히 '후기 밀교'라고 부르기도 하므로, '성의 힘을 숭배하는 탄트라불교를 가리키기도 한다' 혹은 '탄트라불교를 잘못 이르는 말'과 같은 식으로 풀이를 보충해 주는 게 좋겠다.

18.   전통 음악 용어

내가 국어사전의 낱말을 찾아가는 법을 잠시 소개하면 이렇다.

덩 =떵.

떵 장구의 합창단의 구음(口音).

처음에 표준국어대사전에 나오는 '덩'이라는 낱말로 시작을 했다. 그런데 '떵'의 풀이에 나오는 '장구의 합창단'이 눈을 어지럽게 한다. 합창단은 노래를 하는 사람들로 구성된 집단을 가리키는데, 어떻게 장구를 치는 데다 갖다 붙일 생각을 했을까? 고려대 한국어대사전에서는 '덩'을 다음과 같이 풀었다.

덩 북이나 장구 따위를 한 번 칠 때 조금 가볍게 나는
소리를 나타내는 말.

'구음'과 같은 전문어를 빼고 쉽게 풀이를 해 놓았다.
이번에는 표준국어대사전에서 '구음'을 찾아볼 차례다.

구음(口音) 1. 『언어』 구강으로만 기류를 통하게 하여
내는 소리.
2. 『음악』 거문고, 가야금, 피리, 대금 따위의 악기에서
울려 나오는 특징적인 음들을 계명창처럼 입으로
흉내 내어 읽는 소리. 현악기는 "덩둥등당동딩"으로,
관악기는 "러루르라로리"로 흉내 내어 읽는다.

1번 풀이의 '기류'가 또 걸린다. '기류' 항목을 보면 '지
리'로 분류한 다음 풀이를 '온도나 지형의 차이로 말미암
아 일어나는 공기의 흐름'이라고 했기 때문이다. 그냥 '입
안으로만 공기를 통하게 하여'로 푸는 게 훨씬 쉽고 간명한
풀이가 됐을 것이다.

그건 그렇고 '구음'을 넣어서 풀이한 낱말이 꽤 많아서
그걸 찾아가다 다음 낱말들을 만났다.

일청(一淸) 『음악』 1. 가야금의 둘째 줄의 이름.

2. 양금의 오른쪽 괘 왼쪽 첫째 줄인 황(黃)의

구음(口音). 가장 낮은 청이다.

이청(二淸) 『음악』 1. 가야금의 셋째 줄의 이름.

2. 양금의 오른쪽 괘 왼쪽 둘째 줄.

삼청(三—) 『음악』 1. 거문고를 연주할 때에,

문현(文絃)과 유현(遊絃), 문현과 대현(大絃)의 차례로

세 줄을 잇따라 굵어 내는 소리.

2. 양금의 오른쪽 괘 왼쪽 셋째 줄인 협(俠)의

구음(口音). 가장 높은 청이다.

삼청(三淸) 『음악』 1. 가야금의 넷째 줄 이름.

2. 『종교』 도교에서, 신선이 산다는 옥청(玉淸),

상청(上淸), 태청(太淸)의 세 궁(宮).

'일청'의 풀이에는 '구음'이 나오는데, 왜 '이청'의 풀이에는 그냥 줄이라고만 했을까? 그리고 '삼청'은 두 개의 동음이의어를 제시해 놓았는데, 무척 혼란스럽다. 둘 다 '음악' 관련 용어로 풀이했으면 첫 번째 '삼청'에도 '淸'이라는 한자를 표기해야 하지 않았을까? 두 번째 '삼청'에 도교

관련 풀이를 더 달았는데, 동음이의어로 처리하려면 이 부분만 따로 떼어서 별도 낱말로 만들었어야 한다.

아무튼 도교 용어로 풀이한 내용에 나오는 옥청, 상청, 태청을 찾아가 보았더니 '상청'의 풀이가 또 이상하다.

> **상청**(上淸)『종교』1. 도교에서, 신선이 산다는
> 삼청(三淸)의 하나. 최고 이상향을 이른다.
> 2. 삼원(三元)의 화생인 삼보군(三寶君) 중
> 영보군(靈寶軍)이 관할한다는 하늘.

2번 풀이에서 '화생'에 한자 표기가 없어 무얼 말하는지 모르겠고, '삼보군'과 '영보군'이 표제어에 없다. '삼원' 항목에는 여러 개의 뜻풀이가 있는데, 그중 종교로 분류한 풀이에 '도가道家에서, 으뜸으로 여기는 세 가지. 하늘天, 땅地, 물水을 이른다'라고 되어 있다. 백과사전에서 삼보군과 영보군을 찾아보긴 했는데, 복잡해서 설명하기가 쉽지 않다. 그래도 한 가지 짚을 건, 삼보군과 영보군에서 '군'의 한자 표기가 서로 다르다는 사실이다. 영보군에서 '군'을 '君'으로 고쳐야 한다.

다시 음악 이야기로 돌아가 보자.

남산가어(南山嘉魚) 『음악』『시경』소아(小雅) 6편
가운데 한 노래.

몽환가(夢幻歌) 『문학』불교 노래의 하나. 작자 및 연대
미상이다.

산회가(散會歌) 『음악』불교 노래의 하나. 작가와
연대는 알 수 없다.

초북전(初北殿) 『음악』옛 가곡 곡조의 하나.

나공(囉嗊) 『음악』옛날 중국 곡조 이름의 하나.

선려조(仙呂調) 『음악』고려 예종 11년(1116)에 임금이
영명사(永明寺)에서 지은 노래.

노래와 곡조 제목만 있을 뿐, 대체 어떻게 생겨난 건지
알 수 없는 걸 왜 실었을까? 비슷한 예가 더 있다.

희문(熙文) 『음악』조선 세종 때의 「보태평지악」열한
곡 가운데 첫째 곡. 세조 때에는 구 수를 줄여 종묘
제례악으로 썼다.

계우(啓宇) 『음악』조선 세종 때의 「보태평지악」열한
곡 가운데 둘째 곡.

의인(依仁) 『음악』조선 세종 때의
「보태평지악」(保太平之樂) 열한 곡 가운데 셋째 곡.

형광(亨光) 『음악』조선 세종 때의「보태평지악」열한
곡 가운데 넷째 곡. 세조 때에는 '형가'로 이름을 고치고
종묘 제례악으로 썼다.

보예(保乂) 『음악』조선 세종 때의「보태평지악」열한
곡 가운데 다섯째 곡.

융화(隆化) 『음악』조선 세종 때의「보태평지악」열한
곡 가운데 여섯째 곡. 세조 때에는 종묘 제례악으로
썼다.

승강(承康) 『음악』조선 세종 때의「보태평지악」열한
곡 가운데 일곱째 곡.

창휘(昌徽) 『음악』조선 세종 때의「보태평지악」열한
곡 가운데 여덟째 곡.

정명(貞明) 『음악』조선 세종 때의「보태평지악」열한
곡 가운데 아홉째 곡. 세조 때에는 구수를 줄여 종묘
제례악으로 썼다.

대동(大同) 『음악』조선 세종 때의「보태평지악」열한
곡 가운데 열째 곡.

역성(繹成) 『음악』조선 세종 때의「보태평지악」열한

곡 가운데 마지막 곡. 세조 때에는 구수를 줄여 종묘 제례악으로 썼다.

「보태평지악」은 종묘 제례에서 초헌을 올릴 때 연주하던 노래다. 그걸 첫째 곡부터 열한째 곡까지 명칭을 모두 실었다. 그런데 순서만 있을 뿐 가사가 어떤 내용이고 어떤 방식으로 연주했는지에 대한 설명은 없다. 명칭과 순서를 알아서 어디에 써먹겠는가!

'희문' 풀이에 '구 수를 줄여'라는 대목이 있고, '정명'과 '역성'에도 '구수를 줄여'가 보인다. 희문에서는 '구 수'로 띄어 썼고, 정명과 역성에서는 붙여 썼다. 한자 표기가 없어서 '구수'가 뭘 말하는지 모호하다. 노래 가사 중 자구字句 혹은 구절句節의 수數를 줄였다는 뜻인 것 같긴 하다. 그렇다면 '구 수'로 띄어 써야 한다.

휘파람과 관련한 다음의 낱말들은 또 어떻게 이해해야 할지 모르겠다.

무협원(巫峽猿) 『음악』 휘파람 곡조 여덟 곡 가운데 하나.

심계호(深雞虎) 『음악』 휘파람 곡조 여덟 곡 가운데 하나.

오소(五少) 『음악』 휘파람을 부는 법의 하나.

월(越) 『음악』 휘파람 부는 방법의 하나.

오태(五太) 『음악』 휘파람을 부는 방법 가운데 하나.

이게 도대체 어디서 온 말이며, 서로 어떤 차이가 있을까? 찾아보니 조선 시대에 이규경李圭景이 백과사전 격인 『오주연문장전산고』五洲衍文長箋散稿를 내면서 중국의 손광孫廣이라는 사람이 휘파람에 대해 쓴 「소지」嘯旨라는 글을 요약해서 실었다.

『오주연문장전산고』에 따르면 휘파람 부는 법(소법)에는 외격, 내격, 함, 장, 산, 월, 대침, 소침, 필, 타, 오태, 오소 열두 가지가 있고, 휘파람 곡으로는 유운, 심계호, 고류선, 공림야귀, 무협원, 하홍곡, 고목연, 용음 여덟 곡이 있다. 그리고 휘파람 부는 법도 소개했다. 표준국어대사전에도 이렇게 자세히 풀어놓은 게 있긴 하다.

산(散) 『음악』 휘파람 부는 법의 하나. 혀를 윗니 안에다
산초 두 알 정도 넓이로 대고 크게 두 입술을 벌려서
소리를 격하게 하여 흩어지게 한다.

책에 나온 대로 모든 항목에 대해 자세히 풀든지, 아니면 다 빼든지 해야 하는 거 아닐까? 별 희한한 걸 다 찾아서 싣느라 고생은 했지만, 아무래도 헛고생을 한 것 같다. 사소한 거지만 앞의 오소, 월, 오태에 대한 풀이를 보면 통일성이 없고, 풀이해 놓은 문장 형식도 제각각이다.

이번에는 율관에 대한 낱말들이다.

유태거서(有邰秬黍)『음악』중국 주나라 때에, 율관(律管) 척도로 삼은 큰 기장.

경성거서(京城秬黍)『음악』중국 송나라 때에, 율관의 척도로 쓰던 검은 기장.

거서(秬黍)『식물』1. 빛깔이 검은 기장.
2. 황해도 해주에서 나는 큰 기장.

기장은 곡식 종류를 말하는데, 풀이에 따르면 '거서'는 '큰 기장'과 '검은 기장'으로 나뉜다. 어떤 게 맞을까? '검은 기장'이 맞다. '큰 기장'이라고 풀이한 건 필시 '거'秬를 '클 거'巨로 오해한 탓일 것이다.

그나저나 기장을 율관의 척도로 삼았다는 게 무슨 말

인지 이해할 사람이 얼마나 될까? 자세한 설명이 없다 보니 전문가가 아니면 도무지 알 길 없는 불친절한 풀이다.

일단 율관이란 기본이 되는 음을 불어서 낼 수 있는 원통형 관을 말한다. 표준국어대사전에는 대나무로 만들었다는 말만 있는데, 고려대 한국어대사전에는 후대에 구리를 사용했다는 말이 덧붙어 있다. 고려대 한국어대사전의 풀이가 정확하다.

그렇다면 기장을 어떻게 척도로 삼았을까? 원통형 관은 길이에 따라 불었을 때 소리의 높낮이가 달라진다. 고대 중국에서 어떤 방법을 사용할까 고민하다 늘어놓은 거서 개수에 따라 관의 길이를 정했다고 한다. 자세히 설명하자면, 알맞은 크기의 거서 한 알 길이를 1푼分, 열 알의 길이를 1촌寸으로 삼았다. 그리고 거서 90알의 길이를 9촌으로 하여 첫째 음인 황종黃鍾을 정한 다음, 거기서 거서의 개수를 빼거나 더한 길이에 따라 모두 열두 개의 음을 정했다. 이렇게 해서 중국과 우리나라 아악雅樂의 기본이 되는 12율이 탄생했다. 또한 거서의 개수에 따라 율관의 길이를 정함과 동시에 도량형의 기준으로도 삼았다. 참고로 유태거서의 '유태'와 경성거서의 '경성'은 모두 중국의 옛 지명이다.

십이율관(十二律管) 『음악』 오래된 해죽(海竹)으로 만든 악기.

고려대 한국어대사전의 풀이도 비슷한데, 이게 또 이상하다. 분명 열두 개로 된 율관을 말하는 건데, 그런 설명은 없고 악기라고 했다. 율관은 악기가 아니라 소리를 조율하는 기준을 정해 주던 도구였다. 해죽으로 만들었다는 건 사실인데, 해죽이 다른 대나무보다 지름이 고른 편이어서였다. 하지만 그렇다 해도 완벽하게 고르지는 않고 시간이 지남에 따라 변형이 생겨서 나중에는 동銅으로 십이율관을 만들기도 했다.

(1) 차와 관련된 말

차 마시는 풍습은 중국에서 시작됐으며, 용어도 중국 사람들이 만든 게 많다.

점다(點茶) 1. 마른 찻잎을 끓는 물에 부어 우려냄.
2. 『불교』 선원에서, 불전(佛前)이나 영전(靈前)에 차를 공양함. 또는 그런 일.

두 사전이 비슷하게 풀었는데, 잘못된 풀이다. '점'點 이라는 한자만 봐도 이상하다는 걸 알 수 있다. '점다'는 찻잎이 아니라 가루차를 뜨거운 물에 풀어 내는 것을 말한다. 그렇게 하는 걸 점다법이라고 하는데, 점다법은 표제어에 없다. 점다법은 중국 송나라 때 유행했으며, 오늘날 일본에서 주로 마시는 말차와 비슷하다. 우리나라도 고려 시대에는 점다법을 사용해서 차를 마셨다.

앞에 풀이한 방법은 명나라 때부터 시작한 포다법에 해당하는데, 다관茶罐에 마른 찻잎을 넣은 다음 뜨거운 물을 부어서 우려내는 방법을 말한다. 지금 우리가 가장 일반적으로 사용하는 방법이다. 그런데 '포다'와 '포다법'은 표제어에 없다.

전다(煎茶) 차를 달임.

너무 단순한 풀이이며, 어떻게 달인다는 말이 없다. 차를 달이는 방법에 전다법煎茶法이 있는데, 끓는 물에 찻잎을 넣어서 우려내는 걸 말한다. 포다법이 찻잎에 끓는 물을 부어서 바로 우려내는 거라면, 전다법은 반대로 끓는 물에 찻잎을 넣어서 1~2시간 정도 달이는 것이다. 팽다법烹茶法이라고도 한다.

자다법(煮茶法) 차를 달이는 방법.

표제어에 전다법, 포다법, 점다법은 없으면서 '자다법'은 보인다. 그렇다면 자다법은 어떤 걸까? 전다와 자다법 모두 차를 달이는 거라는 말만 있고 방법은 나와 있지 않으니 불친절하기 짝이 없다. 자다법은 당나라 때 유행한 것으로, 병차餠茶를 부숴서 주전자에 넣어 끓여 먹는 걸 말한다. 전다법과 거의 비슷한 방법인 셈이다.

'병차'는 표준국어대사전에는 없는데, 고려대 한국어대사전에는 있다.

병차(餠茶) 틀에 눌러 떡 모양으로 만들어서 굳힌 차.

표준국어대사전에는 '단차'團—와 '덩이차'라는 말이 있는데, 병차보다 크기가 작은 걸 말한다.

이번에는 '말차'라는 말을 보자.

말차(末—) =가루차(차나무의 애순을 말려 가루로 만든 차).

표준국어대사전에서는 '말'의 한자를 '末'로 썼는데, 고려대 한국어대사전에서는 '抹'로 해 놓았다. 우리나라에서는 둘 다 쓰고, 일본에서는 '抹'을 쓴다. 중국에서는 가루 상태인 것을 '末茶', 우려내서 마시는 것을 '抹茶'로 표기한다.

또 하나의 차이가 있다면, 표준국어대사전에서는 '茶'를 '다'로만 읽고 '차'로 읽는 걸 허용하지 않고, 고려대 한국어대사전은 둘 다 인정한다.

다경(茶經)『책명』중국 당나라 때에 육우(陸羽)가 쓴 차에 관한 책. 760년 무렵에 간행하였다. 3권.
다신(茶神)『책명』중국 당나라 때에,『다경』(茶經)을 지은 육우를 높여 부르는 말.

'다신'의 분류 항목이 '책명'으로 되어 있다. 표준국어대사전의 수많은 오류에 비하면 이 정도야 그냥 씩 웃고 넘어갈 만한 수준이다. 그보다는 육우라는 인물이 궁금한데, 막상 육우는 표제어에 없다. 별의별 인명이 다 올라 있는데 왜 육우를 안 실었을까? 신神으로 추앙할 정도면 대단한 인물일 텐데 말이다. 차라리 다신을 빼고 육우를 실었어야 하지 않을까. 육우라는 인물에 대해 알려진 게 없으면 그럴수도 있겠다 싶지만, 생몰년은 물론 삶의 행적까지 많은 부분이 알려진 인물이다.

> **다선**(茶筅) 가루로 된 차를 탈 때 물에 잘 풀리도록 젓는 기구. 조리와 비슷하게 생겼다.
> **다시**(茶匙) =찻숟가락.
> **차칙**(－則) 차를 달일 때 차를 뜨는 대나무 숟가락.

'다선'과 '다시'를 '차선'과 '차시'라 읽고 그렇게 말하는 사람이 무척 많다. 한자어 '茶'를 어떻게 읽을 것이냐 하는 문제인데, '차'로 읽으면 안 되고 '다'로만 읽어야 한다는 건 일종의 억압으로 보인다. 말의 쓰임새는 국어학자가 아니라 언중言衆이 정하는 게 맞지 않을까? 앞에 소개한 낱말 중 '차칙'은 '다'가 아니라 '차'를 쓰고 있다. 왜 어느 건 '다'이고 어느 건 '차'일까? 사람들의 언어 습관이 '다'보다 '차'에 익숙하다면, 언중이 쓰는 말을 적극적으로 받아안아야 한다고 본다.

> **농차**(濃－) 진하게 끓인 차.
> **박차**(薄－) 1. 맛이 변변하지 못한 차.
> 2. 남에게 대접하는 차를 겸손하게 이르는 말.

‘농차'와 '박차'는 일본 사람들이 마시는 말차의 종류인데, 그런 설명이 전혀 없다. 농차는 찻가루를 많이 넣어서 진할 뿐만 아니라 찻잎 자체를 상등품으로 쓴다. 그래서 가격도 박차에 비해 상당히 비싸다. 박차는 그 반대 개념으로 이해하면 된다.

향편다(香片茶) 중국에서 나는 차의 하나.

중국차의 종류가 무수히 많을 텐데, 이렇게 해 놓으면 다른 차와 어떻게 구분할 수 있겠는가? '향편다'는 꽃을 섞어 만든 차인데, 주로 재스민을 사용한다. 그나저나 중국차 중에서 가장 널리 알려진 보이차는 고려대 한국어대사전에만 있고 표준국어대사전에는 없다.

춘설차(春雪—) 우리나라에서 나는 차의 하나.
죽로차(竹露—) 우리나라에서 나는 이름난 차의 하나.

이것도 마찬가지로 차에 대한 설명이 보이지 않는다. 차의 특성을 알려 주지 않을 거면 왜 국어사전에 실었는지 모르겠다.

'춘설차'는 한국화의 대가 의재 허백련이 무등산 자락에서 재배한 차에 붙인 이름이다. 그리고 '죽로차'는 대숲에 있는 차나무가 댓잎에서 굴러 내린 이슬을 받아 자라서 맛이 좋다고 붙은 이름이다. 이런 설명을 왜 안 해 주는지 모르겠으나, 국어사전 편찬자의 게으름과 안일함이 그대로 드러나는 대목이다.

무수다(無水茶) 차의 재료를 먼저 먹고 물을 나중에 마시는 차.

차의 재료를 먼저 먹는다? 아무래도 말이 이상하다. 이런 차가 정말 있는지, 있다면 어떤 경우에 그렇게 마시는지 궁금해서 자료를 아무리 찾아봐도 걸리는 게 없다. 일본어 사전과 중국어 사전에도 안 보이는데, 어디서 가져온 말인지 참 궁금하다.

제다(製茶) 차나무에서 딴 잎을 이용하여 음료로 만듦.

음료로 만든다고? 차를 만든다고 해야지 왜 음료로 만

든다는 생뚱맞은 표현을 썼는지 이해할 수 없다.

(2) 도자기와 관련된 말

우선 제법 알려진 낱말부터 보자.

자사호(紫沙壺) 『수공』 중국 이싱(宜興)에서 나는
도자기. 자줏빛 진흙의 특색을 지닌 항아리이다.
다호(茶壺) 차를 담아 두는 단지.

차를 좋아하는 사람들은 '자사호'라는 말을 많이 들어
봤을 것이다. 이 풀이가 틀린 건 아니지만 뜻을 보충해 주
어야 한다. 자사호는 대부분 다호로 쓰이기 때문이다. '다
호'의 풀이 역시 부족하다. 다호는 단지 차를 담아 두는 용
도뿐만 아니라 찻잎을 넣어서 우리는 다기茶器로도 사용하
므로 그런 뜻을 추가해 주는 게 좋다.

유적천목(油滴天目) 『수공』 중국산 천목 찻종(茶鍾)의
하나. 검은 유약(釉藥)에 기름방울 같은 작은 얼룩점이

나타나 있다.

먼저 풀이에서 '찻종'을 보자. 분명히 '茶鍾'이라는 한자 표기가 있다. 그런데 찻종 항목을 보니 이렇게 되어 있다.

찻종(ㅡ鍾) 차를 따라 마시는 종지. ≒다종(茶鍾)·찻종지

여기에는 '茶'라는 한자를 쓰지 않았다. 마시는 차에는 한자 표기를 안 하는 게 국립국어원의 원칙인데 '유적천목' 풀이에서는 '차'에 한자 '茶'를 병기했으니 앞뒤가 안 맞는 일이다.

이번에는 '천목 찻종의 하나'라는 표현을 살펴볼 차례다. 풀이에 따르면 천목이라는 찻종이 여러 개 있다는 얘기가 된다. 천목天目은 흑유黑釉, 즉 검은 유약을 바른 자기를 통칭해서 이르는 말이다.

두 사전 모두 '천목'은 없고 대신 다음 낱말이 있다.

천목자(天目瓷) 『수공』고려 시대에, 중국에서 들어와 발달한 검은 자기(瓷器).

풀이가 정확하지 않다. '중국에서 들어와 발달'했다는 표현은 우리나라 사람들이 중국 도자기를 들여와 발달시켰다는 건데, 사실과 맞지 않다. '천목'이라는 이름이 생겨난 유래는 이렇다.

일본 승려들이 중국 절강성의 천목산天目山에 있는 사원으로 유학을 많이 갔는데, 귀국할 때 그곳에서 얻어 온 찻잔을 천목으로 부르기 시작했다.

1336년 일본의 현혜玄惠 법사가 쓴 책에 청토호靑兎毫, 황토호黃兎毫, 건잔建盞 등의 중국 찻잔 이름이 나온다. 이때만 해도 아직 천목이라는 말이 등장하지 않았으며, 오에이 應永(1394~1428) 연간에 나온 『선림소가』禪林小歌라는 책에서 처음으로 보인다. 그 후 다른 문헌들에서 토호천목兎毫天目, 유적천목油滴天目, 회피천목灰被天目, 금채천목金彩天目, 요변천목曜變天目, 화목천목禾目天目 등 다양한 이름의 천목이 등장한다. 그러면서 천목이 찻종을 이르는 말로 굳어졌고, 중국에서도 그 전에 쓰던 건잔이라는 말을 버리고 천목을 사용하기 시작했다.

천목은 일본 사람들이 찻잔에 붙인 이름이다. 이 많은 천목 중에 왜 '유적천목'만 표제어로 올렸을까? 역시 알 수 없는 일이다. 천목 이전에 건잔이라는 말을 썼다고 해서 건잔을 찾았으나 표제어에 없다. 그런데 엉뚱한 데서 건잔이 보인다.

> **젠야오**(Jianyao[建窯]) 『고적』 중국 푸젠성(福建省)에
> 있는 가마터. 송나라 때 건잔(建盞)이라는 찻잔을
> 만들었다.

'젠야오'뿐만 아니라 중국의 수많은 가마터 이름이 실려 있을 만큼 표준국어대사전은 친절하다. 다만 그 친절이 편찬자의 마음에 따라 오락가락 선택적으로 작용한다는 게 문제라면 문제겠다. 당장 다른 낱말의 뜻풀이에 있는 건잔이 표제어에는 없는 게 그런 사실을 증명한다. 그러면서 다음 낱말은 실어 놓은 건 또 뭘까?

> **성건잔**(星建盞) 『수공』 중국 건주(建州)에서 나던
> 도자기의 하나. 검은 바탕에 반짝이는 점이 많이 있는
> 잔이다.

앞에서 천목을 설명하며 중국 찻잔의 종류로 청토호

와 황토호가 있다고 했는데, 표준국어대사전에 '황토호'가
표제어로 있다.

황토호(黃兔毫) 『공업』흑유(黑釉)에 누런빛을 띤
갈색의 세모반(細毛斑)이 있는 자기.

황토호를 실었으면 청토호도 싣는 게 마땅하지만 그
냥 넘어가기로 하자. 문제는 풀이에 있는 '세모반'이 표제
어에 없다는 사실이다. 이런 경우가 비일비재하니 그러려
니 하는 수밖에 없지만, 세모반 대신 국어사전에 있는 다음
낱말을 활용해 뜻을 풀면 어땠을까 싶다.

토호반(兔毫斑) 『수공』검은 잿물 위에 있는 토끼털
같은 가느다란 무늬.

덧붙이자면 중국에서 생산하던 자기라는 것도 풀이
에서 밝혀 주었어야 한다.
다음으로 풀이에 나오는 '흑유'를 보자.

흑유(黑釉) 『공업』검은 빛깔의 도자기 잿물.

'흑유'가 그냥 잿물의 종류만 가리키는 걸까?

녹유(綠釉)『수공』구리에 납을 매용제로 하여 녹색을
띠게 만든 저화유(低火釉). 또는 그것을 칠하여 만든
도자기 제품. 동양에서 가장 오래된 유약으로, 중국
당송(唐宋) 시대에 화북 지방에서 널리 사용하였다.

'저화유'라는 말이 또 걸린다. 이 말 역시 표제어에 없
기 때문이다. '녹유'의 풀이에 분명히 도자기 제품이라는
말이 나온다. 다음 낱말은 또 어떤가?

무안^백유(務安白釉)『수공』전라남도 무안 지방의
특산품인 백자(白瓷)의 하나.

여기도 분명 '백유'를 백자의 하나로 풀이했다. 따라
서 '유'가 들어간 말은 유약을 뜻하기도 하지만, 그런 유약
을 사용한 자기를 가리키기도 한다는 걸 알 수 있다. 흑유
에 그런 풀이가 들어갔어야 한다.

무안백유가 얼마나 유명한지 모르지만, 다른 지방에

도 유명한 자기가 여럿 있을 텐데 어떻게 해서 단독으로 표제어에 올랐는지 모르겠다. 그리고 왜 '백유'는 따로 표제어에 없는지도 모르겠다. 문헌에는 백유를 포함해 황유黃釉, 갈유褐釉, 남유藍釉 같은 것도 나오지만 국어사전에는 없다.

표준국어대사전에는 중국에서 만든 수많은 자기 종류와 유약 이름 그리고 가마터 이름이 나오는데, 그 많은 걸 일일이 따져볼 수는 없고 일단 두 낱말을 보기로 하자.

만력요(萬曆窯)『수공』 중국 명나라 만력 연간에 징더전(景德鎭)의 관요(官窯)에서 구워 낸 섬세하고 화려한 빛깔을 가진 도자기. 또는 그런 가마.
진어기(進御器)『수공』 중국 원나라 추부(樞府)에서 어용(御用) 기물로 사용하기 위하여 일정한 양식에 따라 민요(民窯)에서 만들게 한 도자기.

'만력요' 풀이에는 '관요'가, '진어기' 풀이에는 '민요'가 나온다. 그렇다면 다음 낱말의 풀이는 어떻게 된 걸까?

관요(官窯)『역사』고려·조선 시대에, 관아에서

운영하던 사기 가마. 또는 거기서 만든 도자기.

민요(民窯)『역사』조선 시대에, 민간에서 사사로이
도자기를 굽던 가마. 또는 거기서 구운 도자기.

둘 다 우리나라 역사에 나오는 용어로 풀었다. 중국에
서도 분명히 관요와 민요라는 말을 썼음에도 말이다. 오히
려 중국에서 먼저 만들어 쓴 말을 우리가 받아들였을 가능
성이 높다.

그리고 앞에 소개한 낱말들의 분류 항목을 보면 대부
분 '수공'으로 되어 있는데, 황토호와 흑유는 '공업'으로 되
어 있다.

수원(受湲) 중국 징더전(景德鎭)에서 쓰던 도자기의
원료가 되는 흙.

귀원(貴湲)『수공』중국의 징더전(景德鎭)에서 나는,
도자기를 만드는 데에 알맞은 흙.

같은 종류의 낱말인데 '수원'에는 아예 분류 항목이 없
다. 그러려니 해야 한다.

징더전(Jingdezhen[景德鎭]) 『지명』 중국

장시성(江西省) 동북부에 있는 공업 도시. 중국 제일의

도자기 생산지로 유명하다. 양질의 자토(磁土)가

생산되고 유약의 원료도 산출되는 등 도자기 제작에

유리한 조건을 갖추고 있어서 주민의 대부분이 도자기

생산에 종사하고 있다.

풀이에 나오는 '자토'를 표제어에서 찾으니 '자토'瓷土

라고 나온다. 흙으로 만든 그릇을 뜻하는 자기의 한자 표기

는 '瓷器'와 '磁器' 양쪽을 모두 쓴다. 그런 면에서 '磁'와 '瓷'

는 서로 통하는 바가 있긴 하지만 자토의 한자 표기에 '磁'

를 쓴다는 말이 없으므로 '瓷土'라고 해야 한다.

징더전에는 가마를 굽는 요窯가 많았고, 거기서 생산

되는 자기의 종류와 유약도 다양했다. 그런 말들이 표준국

어대사전에 수를 헤아리기 힘들 정도로 많이 실려 있는데,

몇 개만 보자.

상색^원기(上色圓器) 『수공』 중국 징더전(景德鎭)·

어요창에서 만든 상등품의 둥근 도자기.

취청(吹靑) 『수공』 중국 청나라 강희제 때에,

장시성(江西省) 징더전(景德鎮)의 장요(藏窯)에서 나던 자기(瓷器)의 하나. 밑바탕에 오수(吳須)를 점점이 뿌려 놓은 듯한 무늬가 있다.

'상색원기' 풀이에서 왜 징더전과 어요창 사이에 가운 뎃점을 찍었는지 이해할 수 없다. 그냥 '징더전의 어요창'이라고 하는 게 자연스럽다. '취청'의 풀이에서는 '징더전의 장요'라고 했으므로.

'취청' 풀이에 나오는 '오수'가 뭔지 아는 사람이 얼마나 될까? 다행히 표제어에 있긴 한데, 굳이 저 어려운 말을 풀이에 넣어야 하는 건지 모르겠다.

오수(吳須) 『광업』 코발트, 망가니즈, 철 따위를 함유한 천연 광물. 유약으로 쓴다.

다른 낱말을 보자.

낭요(郎窯) 『수공』 중국 청나라 강희(康熙) 연간(年間)에 징더전(景德鎮)에서 강서 순무(江西巡撫) 낭정좌(郎廷佐)가 사기그릇을 구워 내던 가마.

사람 이름이 틀렸다. 낭요를 운영한 사람은 낭정좌가
아니라 낭정극郎廷極이다.

녹낭요(綠郎窯) 『수공』 낭요(郎窯)의 동홍유(銅紅釉)가
산화(酸化)되어, 초록빛을 띠는 자기(瓷器).
빈과록(蘋科綠) 『수공』 도자기에 입히는 초록빛의 잿물.
동홍유(銅紅釉)를 산화하여 만든다.

두 낱말 풀이에 나오는 '동홍유'는 표제어에 없다.
자기에 관한 낱말을 몇 개 더 보자.

가기(哥器) 가요문(哥窯紋)이 있는 장청자(章青瓷).
≒가요(哥窯)

풀이를 이렇게 하다니 정말 갑갑한 노릇이다. 뜻이 궁
금해서 할 수 없이 '가요문'과 '장청자'를 찾아보았다.

가요문(哥窯紋) 『수공』 잘게 갈라진 것같이 보이는
도자기의 무늬.

장청자(章靑瓷) 『수공』 중국 송나라 때에,
룽취안(龍泉)에서 장생일(章生一)·장생이(章生二)
형제가 구워 만든 청자기. 형이 구워 낸 것을 가기(哥器)
또는 가요(哥窯)라 하는데 터진 금 같은 무늬가 있고,
아우가 구워 낸 것을 룽취안요(龍泉窯)라고 한다.
≒장요(章窯)·장용천

'장청자' 풀이에 보면 룽취안요를 아우가 만든 자기 이름이라고 했는데, 룽취안요를 찾아가면 그냥 가마 이름이라고만 되어 있다. 기록을 보면 요窯 이름이나 유약 이름을 자기 이름으로도 쓰는 걸 알 수 있다. 가기를 가요라고도 부르는 것처럼. 그렇다면 두 가지 뜻으로 같이 풀어 주어야 하는데, 그렇게 푼 것도 있고 아닌 것도 있고 그냥 오락가락이다.

아무튼 가기와 관련해서 다른 낱말을 더 보자.

백급쇄(百扱碎) 『수공』 중국 송나라 때 가기(哥器)
청자(靑瓷)의 개편열의 하나.

'개편열'은 또 뭘까? 꼭 다시 한번 찾도록 만드는 피곤

한 사전이다.

개편열(開片裂) 『수공』잿물을 씌운 도자기의 거죽에 잘게 난 금.

개편열과 같은 뜻으로 사용하는 낱말이 있다.

빙렬(氷裂) 1. 얼음의 표면에 이리저리 갈라진 금 모양의 무늬.
2. 『수공』유약을 바른 표면에 가느다란 금이 가 있는 상태. '식은태'로 순화.

순화어로 제시한 '식은태'를 찾아가 보자.

식은태 『수공』가마에서 꺼낸 뒤 곧 터진 그릇.

'빙렬'은 무늬이고 '식은태'는 터진 그릇인데, 어떻게 둘을 같은 뜻으로 사용하라는 건지 모르겠다. 빙렬의 종류로 표준국어대사전에 두 낱말이 나온다.

어자문(魚子紋) 『수공』도자기의 겉에 씌운 잿물의 잘고
고운 금.

해조문(蟹爪紋) 『공업』잿물을 입힌 도자기의 겉면에
게의 발이 갈라지듯 잘게 난 금.

'어자문'에는 한자에 있는 대로 '물고기 알 모양과 같
이'라는 표현을 넣어 주어야 한다.

빙렬에는 이 밖에도 우모문牛毛紋(소털 모양의 무늬),
유엽문柳葉紋(버들잎 모양의 무늬), 유수문流水紋(구불구불
한 물결 모양의 무늬) 등이 있다. 늘 하는 얘기지만 같은 종
류가 여러 개 있는 경우 모두 싣든지 모두 빼든지 해야 하
는데, 일부만 선별해 싣는 이유와 기준을 모르겠다.

침청자(砧靑瓷) 중국에서 만든 청자의 하나.
청자색으로 불투명한 유약을 발라 푸른빛을 띠며,
다듬이질하는 모양을 닮았다. 주로 남송(南宋) 시대의
룽취안요(龍泉窯)에서 만들었다.

풀이를 보면서 '다듬이질하는 모양을 닮았다'라는 부
분에서 고개를 갸우뚱했다. 어떻게 청자가 다듬이질하는

모양을 닮을 수 있는지 이해하기 힘들었기 때문이다. 당연히 풀이에 문제가 있을 듯해서 이리저리 찾아봤더니, '침청자'라는 명칭은 중국에서 건너온 게 아니고 일본 사람들이 붙인 이름이다. 일본 말로는 '키누타세지'라고 하며, 내가 찾아낸 자료에는 이렇게 설명되어 있다.

> **きぬたせいじ**(砧青磁) 중국, 송(宋), 원대(元代)에
> 저장성(浙江省)의 룽취안(竜泉) 가마에서 구운 양질의
> 청자를 일본에서 부르는 호칭. 이름은 다듬잇돌의
> 형태와 닮은 목 부분의 긴 화기(花器)의 명품에
> 유래한다고 한다. 청자의 최고급품으로서 일본의
> 다인(茶人, ちゃじん)이 진중(珍重)하게 여긴다.

긴 목 부분이 다듬잇돌을 닮았다는 건데, 표준국어대사전에서는 그걸 참 이상하게도 비틀어 놓았다.

끝으로, 이 설명에 나오는 '화기'의 풀이를 보자.

> **화기**(花器) 꽃을 꽂는 데 쓰는 그릇. 꽃병, 수반,
> 꽃바구니 따위가 있다. '꽃 그릇'으로 순화.

과연 꽃바구니를 '그릇'이라 할 수 있을까? 그리고 순화어로 제시한 '꽃 그릇'이 과연 제대로 쓰일 수 있을까? 합성어인 '꽃그릇'이 표제어에 있는데, 풀이가 '꽃이 그려져 있는 예쁜 그릇'이라고 되어 있다.

(1) 군사 관련 용어

옛날에 군대에서 사용하던 깃발의 종류가 참 많았다. 그중 하나만 보자.

청룡기(靑龍旗)　조선 시대에, 대오방기(大五方旗) 가운데 진영(陣營)의 왼편에 세워 좌군(左軍)을 지휘하는 데에 쓰던 군기(軍旗). 파란 바탕에 청룡과 파란색·붉은색·누런색·흰색의 구름무늬가 그려져 있고 화염각(火炎脚)이 달려 있다. 깃대에 영두(纓頭)·주락(朱駱)·장목이 달려 있다.

낯선 낱말이 많이 나오는데, 영두는 끝에 술이 달려 있는 장식용 끈을 말하고, 장목은 꿩의 꽁지깃을 말한다. 여기서 살펴볼 건 '주락'이라는 낱말이다.

주락(朱駱) 낙마의 붉은 갈기로 만든 삭모. 깃발이나 창의 윗부분에 단다.

풀이에 나오는 '낙마'와 '삭모'가 뭘까?

삭모(槊毛) 기(旗)나 창(槍) 따위의 머리에 술이나 이삭 모양으로 만들어 다는 붉은 빛깔의 가는 털.
낙마(駱馬) 『동물』 '라마'(lama)의 음역어.
라마(lama) 『동물』 =야마.
야마([에]llama) 『동물』 낙타과의 포유류. 야생의 과나코를 가축화한 종으로 낙타와 비슷하나 훨씬 작아서 어깨의 높이는 1.2미터 정도이고, 몸의 길이는 2~2.4미터이며, 털은 검은색·갈색·흰색이다. 몸과 다리가 길다. 귀는 길고 끝이 뾰족하며 등에 혹이 없다. 타거나 짐을 싣고 털은 직물, 가죽은 구두의 원료로 쓰며 고기는 식용한다.

어렵게 낱말들을 찾아서 뜻을 알았으니, 이제 다시 '주락'으로 돌아와야 한다. 종합하면 야마라는 동물의 붉은 털로 만든 깃발 장식물이라는 건데, 여기서 궁금증이 생겼다. 우리나라에는 있지도 않은 동물의 털을 이용한다는 게 납득하기 어려웠기 때문이다. 조선 시대 깃발의 풀이를 보면 대부분 주락이 달려 있다고 해 놓았는데, 그 많은 야마의 털을 어떻게 구했다는 걸까? 옛날 우리나라 군대에서 사용하던 깃발의 모양과 장식은 중국에서 사용하던 깃발을 흉내 냈을 것이다. 그 과정에서 '주락'이라는 말이 따라 들어왔을 텐데, 실제로는 야마의 털이 아니라 그와 비슷한 다른 동물의 털을 썼을 가능성이 많다.

다음 두 깃발의 설명 일부분을 보자.

금군청^호령기(禁軍廳號令旗) 『역사』……화염(火焰)과 영두(纓頭), 주락(珠絡), 장목으로 되어 있으며……

사명기(司命旗) ……오색 비단의 드림과 영두(纓頭), 주락(珠絡), 장목 따위를 달았다.

주락의 한자 표기가 다르다. 앞에서는 '朱駱'이라고 했는데, 이 낱말들에서는 '珠絡'을 쓰고 있다. '주락'珠絡의 풀이는 다음과 같다.

주락(珠絡) 『역사』 예전에, 임금이나 벼슬아치들이 타는
말을 꾸미던 치레.

말에 다는 장식품이라고 했으니 엄연히 다른 물건이
고, 사전 편찬자들이 관련 지식이 없다 보니 혼동을 일으킨
것이다. 애초에 조선 시대 깃발에 대한 풀이를 하면서 어려
운 말을 쓰지 말고 여러 장식물을 달았다는 정도로 간단히
풀면 될 일이었다.

인부(印符) 『역사』 관인(官印)과 명부(名符)를 아울러
이르던 말.

표준국어대사전에 있는 말인데, 풀이에서 '명부'가 뭘
까 찾아봤더니 표제어에 없다. 우리가 흔히 사용하는, 사
람들의 이름을 적은 명부名簿와는 한자가 다르다. 할 수 없
이 다른 자료에서 '인부'에 대한 설명을 찾아보았다. 고려
대 한국어대사전에도 없었는데, 다행히 『한국고전용어사
전』에서 발견할 수 있었다.

인부(印符) 인장(印章)과 병부(兵符). 부임하는
지방관이나 수령에게 이것들을 주었는데, 인하여
임명장을 의미하기도 함.

'명부'가 아니라 '병부'였다. 이번에는 병부가 뭔가 찾
아보았다.

병부(兵符) 『역사』=발병부.
발병부(發兵符) 『역사』조선 시대에, 군대를 동원하는
표지로 쓰던 동글납작한 나무패. 한 면에 '發兵'이란
글자를 쓰고 또 다른 한 면에 '觀察使', '節度使' 따위의
글자를 기록하였다. 가운데를 쪼개서 오른쪽은 그
책임자에게 주고 왼쪽은 임금이 가지고 있다가 군사를
동원할 때, 교서(敎書)와 함께 그 한쪽을 내리면
지방관이 두 쪽을 맞추어 보고 틀림없다고 인정하여
군대를 동원하였다.

다음은 조선 후기의 군사 조직과 관련한 낱말이다.

민보단(民保團) 『역사』향리의 재산, 생명, 이익을
보호하기 위하여 지역별로 조직한 실력 단체.

민보군(民堡軍) 『역사』중국 청나라 때의 민병.

'민보군'은 '중국 청나라 때의 민병'이라고 나라와 시
대를 분명히 밝혔는데, '민보단'은 그런 설명이 없다. '민'民
를 쓴 것으로 보아 관가가 아닌 민간에서 조직한 단체임이
분명하다. '향리'의 풀이는 다음과 같다.

향리(鄕吏) 『역사』고려·조선 시대에, 한 고을에
대물림으로 내려오던 구실아치.

'향리'의 풀이대로 한다면 민보단은 고려 아니면 조선
시대에 있었다는 말이 된다.

내가 찾아본 바로는 민보단이 우리 역사에서 세 차례
나온다. 첫 번째는 19세기 중반 서양 세력이 통상을 요구하
자 그들의 위협에 맞서기 위해 바다에 인접한 지역 유생들
의 요청에 따라 백성을 모아 민보단을 구성하려 했던 것이
다. 그러나 실제로는 구성하지 못하고 흐지부지되었다. 다
음은 19세기 말 동학군이 봉기하여 관아는 물론 지주, 부

호, 양반까지 공격하자 그들 스스로 동학군에 맞서기 위해 민보단과 민보군을 조직한 것이다. 민보단 아래 민보군을 두었는지, 같은 조직을 두 이름으로 섞어서 불렀는지는 정확치 않다. 다만 민보단과 민보군이 그 무렵 함께 사용된 것은 분명하다. 끝으로, 해방 정국에서 경찰이 자신들의 협조 기관으로 향보단을 조직해 운영하다 우익 테러를 일삼자 해산시켰는데, 이를 1948년 5·10 단독선거 후 민보단이라는 이름으로 부활시킨 것이다.

표준국어대사전에 나오는 '민보단'은 풀이로 보아 동학군에 맞서 지방의 지주와 양반이 자신들의 목숨과 재산을 지키려고 만든 조직인 듯하다. 그런 설명이 없다 보니 궁금증만 불러일으킨다. 그리고 잠시 존재했던 조직이 아니라 상시적으로 운영했던 조직으로 오해할 소지도 다분하다. 이왕 표제어에 올렸으면 정확히 풀어 주어야 한다.

국어사전대로라면 민보군은 중국 청나라 때의 조직인데, 동학 당시의 민보군은 어디로 사라졌는지 아리송하다. 참고로 청나라 때의 조직은 '民堡軍'이고 동학 때의 조직은 '民保軍'으로 한자가 다르다. 그나저나 청나라 때의 민병 조직을 '민보군'이라고 했다는 사실도 역사책에서 발견하기 힘들다. 있었다 해도 존재가 그만큼 미미했다는 애기인데, 그런 낱말을 왜 국어사전에 실어야 할까?

> **산포군**(山砲軍) 『군사』 예전에, 산악 작전을 위하여
> 경포병(輕砲兵)으로 구성된 부대.
> **포군**(砲軍) 『군사』 포를 장비한 군사.

『국방과학 기술용어 사전』에 '산포군'이 나오는데, 국어사전의 풀이와 똑같은 것으로 보아 거기서 가져온 것으로 보인다. 하지만 틀린 설명이다. '포'砲라는 한자가 들어가서 요즘 개념인 포병砲兵 부대로 착각한 모양인데, '포군'과 '포병'은 전혀 다르다. 그리고 산포군의 풀이에 나오는 '경포병'은 표제어에도 올라 있지 않다.

포군과 산포군은 사냥을 하는 포수로 구성한 부대를 말한다. 조선 후기부터 구한말까지 활발하게 활동한 군 조직이다. 동학군이 봉기를 했을 때 산포군을 조직해서 진압 작전을 펼쳤다는 기록이 있는데, 안중근 의사가 이때 산포군으로 참여했다. 그리고 서양 열강이 문호 개방을 요구하며 무력시위를 할 때 포군을 모집하여 강화도 등지에서 해안 경비를 맡기기도 했다. 이런 역사적 사실을 모르고 엉뚱한 풀이를 가져온 것이다.

한편, 조선 시대에 '급수군'이라는 게 있었다는데, 뜻은 아래와 같다.

급수군(汲水軍) 『역사』 조선 시대에, 수영에서 물을 긷는 일을 맡아보던 군사.
수영(水營) 『역사』 조선 시대에, 수군절도사가 있던 군영(軍營).

'급수군'이 정말 수군절도사가 있던 수영에만 존재했을까? 『조선왕조실록』을 보면 급수군이라는 말이 몇 차례 나온다. 현종 때의 기록에 따르면, 농사철이어서 민폐가 염려되니 수라간에 배정된 급수군을 모두 돌려보내도록 했다. 『영조실록』에는 궁궐에 불이 났을 때 급수군을 동원해 불을 끄도록 하자는 신하의 말도 등장한다. 그렇다면 궁궐에도 급수군이 있었다는 말이 된다. 급수군은 대부분의 관청에 배속되어 있었다고 봐야 할 것 같고, 정식 군사라기보다는 부역에 동원된 인부, 즉 역인役人으로 보는 게 타당할 듯하다. '군'軍이라 했다고 해서 꼭 군사를 뜻하지는 않는다. 조선 시대에 부역에 동원하던 인부를 연호군煙戶軍이라고 했으며, 이 말은 표준국어대사전에 표제어로 있다.
급수군과 비슷하게 궁궐 등에서 밥 짓는 일을 맡아 하던 취
반군炊飯軍도 있었다고 하는데, 이 말은 나오지 않는다.

　끝으로 낱말 하나만 더 보자.

　용도(用道) 1. 사람이 다니는 길.
　2. 예전에, 성안에 무기나 양곡을 운반하며 군사들이
　잠복하는 데 이용하기 위하여 쌓은 성.

　표준국어대사전에만 나오는 말이다. '길 도'道를 썼는
데 2번 풀이에서 성이라고 한 게 아무래도 이상하다. 다른
자료를 찾아봤더니 '용도'는 성벽의 일부를 지형에 따라 좁
게 성 밖으로 내뻗도록 한 다음 양쪽에 담을 쌓은 길을 말
한다.

(2) 궁궐의 의례와 제도

　유교 사회는 제사를 중시하였으며 궁궐에서도 여러
제사를 지냈다.

자성(粢盛) 예전에, 나라의 큰 제사에 쓰는 기장과 피를 이르던 말.

자성(粢盛) 그릇에 담아 제물(祭物)로 바치는 기장 따위의 곡식.

이번에는 고려대 한국어대사전의 풀이가 부실하다. 나라에서 지내는 큰 제사 때 쓴다는 말이 들어가야 한다. 반면 표준국어대사전에서는 '기장과 피'로 한정했는데, 쌀도 함께 사용했으므로 역시 잘못되었다.

보궤(簠簋) 제향(祭享) 때에, 기장과 피를 담는 그릇. 네모난 보와 둥근 궤가 한 벌을 이룬다.

보(簠) 『역사』 나라 제사 때에, 기장쌀이나 핍쌀을 담던 그릇. 나무나 참대, 또는 흙을 구워서 만드는데, 밖은 네모지고 안은 둥글다.

궤(簋) 『역사』 종묘와 문묘 및 그 밖의 나라 제사 때에 쓰던 제기(祭器). 구리나 나무로 만들어 기장쌀이나 핍쌀을 담았다.

두 사전의 풀이가 비슷하다. '보'와 '궤'는 앞의 자성을 담는 그릇이다. 둘은 서로 짝을 이루어 사용했으며, 보는 네모나고 궤는 둥근 모양인데, 궤에 그런 내용이 없다. 그리고 둘 다 기장쌀과 핍쌀을 담는다고 했지만 잘못된 풀이다. 보에는 도稻와 양粱을 담고, 궤에는 서黍와 직稷을 담았다. 도는 쌀, 양은 수수를 말하며, 서와 직은 합쳐서 서직이라는 한 낱말로도 쓰는데, 기장과 피를 이른다. 그리고 보는 신위의 왼쪽에 놓고, 궤는 오른쪽에 놓는다. 보궤는 중국에서 건너온 제례 양식을 본뜬 것이다.

한 가지만 더 짚자면, 궤의 풀이에서 '종묘와 문묘 및 그 밖의 나라 제사 때'라는 표현은 비문이다. 종묘는 역대 임금과 왕비의 위패를 모신 사당, 문묘는 공자의 위패를 모신 사당을 말한다. 제사라는 뜻이 없다는 얘기다. 따라서 '종묘와 문묘에서 지내던 제사 및 그 밖의 제사'라고 해야 한다.

이번에는 궁궐에서 행해진 의례와 관련된 낱말이다.

인장(引仗) 『역사』의장(儀仗)의 하나.
진연 의례(進宴儀禮) 등 왕실 의례 때 연주되는
당악 정재에서 쓰인다. 대나무로 위쪽 끝에만

두석막지(豆錫莫只)를 한다.

참 어렵게도 풀어놓았다. 이걸 이해하려면 의장, 진연 의례, 당악 정재, 두석막지를 일일이 찾아봐야 한다. 다른 건 다 있는데 두석막지는 표제어에 없다. 이걸 어찌해야 하나 싶은데, 그나마 '두석'이 표제어에 있다.

두석(豆錫) 『공업』= 놋쇠.

문제는 '막지'인데, 국어사전에는 없고 한자 사전에 이렇게 나온다.

莫只 [借] 마기. 마개. 아가리나 구멍 따위에 끼워서
막는 물건.

마기(막이) 혹은 마개를 한자로 음차音借한 것이다. 낱말 뜻 하나를 알기 위해 이렇게 힘을 들여야 하다니, 정말 너무한다는 생각이 절로 인다.

이어서 사법제도와 관련된 낱말을 몇 개 보자.

보관청(保管廳) 『법률』 범죄인에 대한 판결이 난
다음부터 형 집행 때까지 죄인을 가두어 두는 곳.

'보관청'이라고 하면 먼저 떠오르는 게 미국의 국립문
서기록보관청이다. 그런데 표준국어대사전에 나온 보관
청의 풀이를 보니 뜻밖에도 범죄인을 가두어 두던 곳이라
고 되어 있다. 문제는 이 풀이대로만 하면 지금도 그런 법
률 용어가 쓰이는 것처럼 오해할 수 있다는 점이다. 이 말
은 조선 시대에 쓰던 것이니, 풀이에서 '조선 시대에'라는
말을 붙여 주어야 한다. 분류 항목도 '법률'이 아니라 다음
낱말처럼 '역사'라고 하는 게 맞다.

보고(保辜) 『역사』 남을 때린 범인에 대한 처벌을, 맞은
사람의 상처가 다 나을 때까지 보류하던 일.

이 말의 풀이도 참 이상하다. 남을 때린 사람이라면
상대의 상처가 낫든 말든 상관없이 처벌하는 게 옳을 테니
까 말이다. 일단 분류 항목이 '역사'라고 되어 있으니 요즘
에 쓰는 용어는 아니라는 걸 알 수 있다. 하지만 풀이가 불
친절하고 오해하기 딱 알맞게 되어 있다. 관련된 낱말을 더

보고 이야기를 이어 가도록 하자.

고한(辜限) 『역사』 '보고 기한'(保辜期限)을 줄여 이르는
말.
보고^기한(保辜期限) 『역사』 남을 때린 범인에 대한
처벌을, 맞은 사람의 상처가 나을 때까지 보류하던
기한. 이 기간 동안에 구타를 당한 사람이 죽으면 범인을
살인죄로 다스렸고, 그렇지 않으면 상해죄로 다스렸다.

이제야 의문이 풀린다. 상처가 나을 때까지 처벌을 보
류한 건, 폭행의 결과가 사망에 이르느냐 아니냐를 기다려
야 하기 때문이었던 것이다. '보고'의 풀이에서도 그런 내
용을 덧붙여 주었어야 한다. 그리고 풀이도 그냥 처벌을 보
류한다고 하지 말고 처벌의 수위를 보류한다고 해야 한다.
상처가 나아서 다행히 죽지 않더라도 상해죄에 대한 처벌
은 했으므로.

이런 제도는 본래 중국 한나라에서 생긴 것으로, 이후
우리나라로 들어와 고려의 고려율高麗律, 조선의 『속대전』
續大典 「형전」刑典 등에 반영되었다.

(3) 성균관의 상재와 하재

사학^승보생(四學陞補生) 『역사』 조선 시대에, 사학
승보시에 합격한 유생. 여기에 합격하면 성균관의
하재생이 될 수 있었다.

풀이에 나오는 '하재생'은 표제어에 없고 대신 '상재
생'이라는 말이 보인다.

상재생(上齋生) 『역사』 성균관의 상제(上齋)에 거처하던
유생(儒生). 생원시(生員試)와 진사시(進士試)에 합격한
사람들에게 상재에 거처할 자격을 주었다.

표제어는 '상재생'인데 풀이에는 '상제'로 되어 있다.
'상제'가 아니라 '상재'로 표기해야 한다. 뒤에는 '상재'라
고 되어 있으니 표기 실수이겠지만, 하도 실수가 많으니 이
해할 마음조차 생기지 않는다.

상재(上齋) 『역사』 성균관에서, 동서 양재(兩齋)의 각각
위쪽에 위치한 곳. 생원과 진사들이 거처하였다.

하재(下齋) 『역사』 성균관에서, 동서 양재(兩齋) 각각의 맨 아래쪽에 위치한 두 칸. 사학(四學)의 승보시를 준비하던 유학(幼學) 20명이 거처하였다.

'사학승보생' 풀이를 보면, 사학 승보시에 합격하면 하재생, 즉 하재에 들어갈 수 있다고 했다. 그런데 '하재'의 풀이에는 승보시를 준비하던 유생들이 거처했다고 되어 있다. 즉 두 낱말의 풀이가 맞지 않는다. 어느 풀이가 맞을까? 승보시에 합격하면 성균관의 하재에 들어갈 수 있었고, 하재생이 생원시와 진사시에 합격하면 상재에 들어갈 수 있었다. '하재' 항목의 풀이가 잘못되었다.

한자는 다르지만 불교에서 사용하는 '하재'라는 말도 있다.

하재(夏齋) 『불교』 선원에서, 하안거의 첫날인 결하일에 행하는 재식(齋式).

풀이에 나오는 '결하일'은 표제어에 없고 대신 '결하'라는 낱말이 보인다. '재식'이라는 말도 더 쉽게 풀어 주는 게 좋다.

결하(結夏) 『불교』 음력 4월 16일 또는 5월 16일에 여름 안거를 시작하는 일.

그냥 처음부터 '하안거의 첫날에 행하는 재를 올리는 의식'이라고 풀었으면 될 일이다.

불교 이야기를 했으니 가톨릭 이야기도 곁들인다.

하계^소재(夏季小齋) 『가톨릭』 사계 소재의 하나. 여름철에 지키던 금육제이나 지금은 폐지되었다.

풀이에 나오는 '금육제'가 표제어에 없다. 왜 그런가 했는데, 다음 낱말을 보고 의문이 풀렸다.

동계^소재(冬季小齋) 『가톨릭』 사계 소재의 하나. 겨울철에 지키던 금육재이나 지금은 폐지되었다.

금육재(禁肉齋) 『가톨릭』 사순절이 시작되는 수요일과 사순절의 매 금요일에 육식을 끊고 재계하는 일.

'금육제'가 아니라 '금육재'였다. 앞에서 '상재'를 '상제'로 잘못 표기한 실수가 여기서도 보이는데, 방귀가 잦으면 어떻게 된다는 속담이 생각나는 대목이다. 지금은 폐지됐다는데, 그런 말을 굳이 실을 필요가 있느냐는 생각도 든다.

(4) 궁중에서 음식을 맡아보던 직책

궁중에서 음식을 담당하던 이들의 숫자는 매우 많았고, 그만큼 직책도 다양했다. 이들은 대부분 내시부와 사옹원이라는 기구에 속했다.

별사옹(別司饔) 『역사』 각 궁전에서 음식을 조리하던 구실아치.

그냥 음식을 조리하던 사람으로는 불충분하고 고기를 담당하던 사람이라고 정확히 설명해 주어야 한다.

탕수색(湯水色) 『역사』 조선 시대에, 액정서에 속하여 각전에서 왕명을 전달하거나 붓, 벼루를 준비하는 따위의 일을 맡아 하던 사람.

풀이가 완전히 틀렸다. '탕수색'은 액정서가 아니라 궁중의 음식을 담당하던 사옹원에 속한 사람들을 뜻하며, 물 끓이는 일을 맡아보던 사람이다.

적색(炙色) 『역사』 중국의 각 전궁(殿宮)에 속한
사역(使役)의 하나.

중국에도 그런 직책이 있었는지는 모르겠으나, '적색'은 사옹원에 속해서 생선이나 고기를 굽던 사람을 뜻한다.

증색(蒸色) 『역사』 대궐 각 전(殿)에서 찐 음식을 말리는
일을 맡아보던 부서.
장자색(莊子色) 『역사』 조선 시대에, 궁중의 음식물을
관리하는 일을 맡아 하던 부서.
상배색(床排色) 『역사』 임금의 수라상을 차리는 일을
맡아 하던 구실아치.

'증색'과 '장자색'을 부서라고 풀었는데, '색'色은 사람

을 뜻한다. 장자색은 상배색으로 명칭이 바뀌기 전의 이름이며, 한자가 틀렸다. '粧子色'으로 써야 한다. 증색이니 상배색이니 하는 사람들은 대부분 노비 중에서 뽑아 올렸다. 궁궐에서 일하다 보니 낮은 품계나마 주기는 했지만, 그래도 천민이라는 꼬리표가 어디로 가는 건 아니었다. 이들을 모두 합해 각색장各色掌이라 불렀는데, 이 말은 표제어에 없다.

> **반공**(飯工) 『역사』 궁중에서, 음식을 만드는 일을 맡아 하던 사람.
> **병공**(餠工) 『역사』 조선 시대에, 사옹원에 속한 일꾼.
> **팽부**(烹夫) 『역사』 조선 시대 사옹원에 속한, 종구품의 잡직.

'반공'은 밥을 짓는 사람이고, '병공'은 떡을 만드는 사람, '팽부'는 음식을 삶는 일을 맡아보던 사람이다. 그런 설명을 해 주어야 한다.

> **상선**(尙膳) 『역사』 조선 시대에, 내시부에서 궁중의 식사에 대한 일을 맡아보던 종이품 벼슬.

상온(尙醞) 『역사』조선 시대에, 내시부에 속한 정삼품
벼슬.

상다(尙茶) 『역사』조선 시대에, 내시부에 속한 정삼품
벼슬. 상약(尙藥)의 위이고 상온(尙醞)의 아래이다.

상약(尙藥) 『역사』조선 시대에, 내시부에서 궁중의
약에 관한 일을 맡아보던 종삼품 벼슬.

사옹원과 함께 내시부에서도 궁중의 음식을 담당했
으며, 이들의 직책 앞에는 모두 '상' 자가 붙었다. 이런 직책
가운데 '상약'만 약에 관한 일을 맡아봤다는 역할을 설명하
고 나머지는 그런 설명이 없다. '상선'은 수라간의 모든 일
을 관장하던 직책이고, '상온'은 술 빚는 일을 맡았으며, '상
다'는 차茶를 준비하는 일을 했다. 이런 정보를 알려 주는
게 그리 어려운 일이 아닌데 왜 생략했는지 모르겠다.

워낙 엉터리 설명이 많아서 그 아래 품계의 직책도 함
께 살펴보려고 한다.

상전(尙傳) 『역사』조선 시대에, 내시부에서
전명(傳命)의 일을 맡아보던 정사품 벼슬.

상책(尙冊) 『역사』조선 시대에, 내시부에서 책 관리에

관한 일을 맡아보던 종사품 벼슬.

이 말들의 풀이는 별 문제가 없다. 이 벼슬들은 직책이면서 부서 역할도 한 것으로 보인다. 한 명부터 여섯 명까지 배치되는 인원이 달랐기 때문이며, 상전은 두 명, 상책은 세 명이었다.

상호(尙弧) 『역사』 조선 시대에, 내시부에 속한 정오품 벼슬. 대전(大殿)의 응방(鷹坊)과 궁방(弓房), 왕비전의 주방(酒房) 따위에서 잡무를 맡아보거나, 문소전에 올리는 음식에 관한 일을 맡아보고 세자궁에서 번을 들었다.

'호'弧는 나무로 만든 활을 뜻하는데, '상호'는 궁중의 활을 관리하는 게 주 업무였다. 물론 주 업무 외에 이 풀이에서처럼 일부는 다른 곳에 파견되어 일을 하기도 했다. 그건 다른 환관도 마찬가지이지만, 주 업무가 무엇인지는 밝혀 주어야 한다. 인원은 네 명이었다.

상탕(尙帑) 『역사』 조선 시대에, 내시부(內侍府)에서 내탕고(內帑庫)에 관한 일을 맡아보던 종오품 벼슬.

풀이에서 '내탕고'를 쉽게 풀어 주었어야 한다. 내탕고는 왕실의 재물을 넣어 두던 창고이며, 상탕의 인원은 네 명이었다.

상세(尙洗) 『역사』 조선 시대에, 내시부에서 대전(大殿)의 그릇을 닦고 청소 따위의 일을 맡아보던 정육품 벼슬.
상촉(尙燭) 『역사』 조선 시대에, 내시부에 속한 종육품 벼슬.

'상세'의 풀이는 문제없는데, '상촉'은 업무에 대한 설명이 없다. 상촉은 등촉燈燭, 즉 궁궐의 초와 등불에 관한 일을 맡아 했다. 상세와 상촉 모두 네 명씩이었다.

상훼(尙烜) 『역사』 조선 시대에, 내시부에 속한 정칠품 벼슬. 세자궁의 문차비(門差備), 각 궁(宮)의 설리(薛里)와 문차비 따위의 체아직(遞兒職)으로, 승급되지 않았다.

풀이가 너무 어렵다. '상훤'이라고 표기한 자료도 있는데, '상훼'라고 읽는 게 맞다. '훤'이라고 읽으면 '마르다'라는 뜻이, '훼'라고 읽으면 '불'이라는 뜻이 된다. 따라서 상훼의 주 업무는 불을 다루는 것이었다. 풀이에서처럼 문을 지키는 문차비의 역할을 하기도 했다. 상훼 역시 네 명이었다. 그러면 풀이에 나오는 '체아직'과 '설리'에 대해 알아보자.

체아직(遞兒職) 『역사』현직을 떠난 문무관에게
계속하여서 녹봉을 주려고 만든 벼슬.

풀이가 부족하다. 문무관만 아니라 환관과 잡직에도 적용되던 제도다. 그리고 정해진 녹봉 대신 계절마다 근무 성적을 평가하여 녹봉을 주었으며, 교체하기도 했다. 요즘으로 치면 기간제나 임시직에 해당하는 셈이다.

설리(薛里) 『역사』조선 시대에, 내시부에서 임금에게
올리는 음식에 관한 일을 맡아보던 벼슬.
도설리(都薛里) 『역사』조선 시대에, 내시부에 속하여

궁궐의 음식을 주관하는 일을 맡아보던 설리들의
우두머리.

둘 다 음식에 관한 일을 맡아본다고 풀이했다. 하지만
'설리'는 특정한 업무를 담당하던 직책이 아니라 궁궐 안
에서 여러 시중을 드는 사람을 뜻했다. 그래서 설리는 상
책, 상호, 상탕, 상세, 상휘 등 다양한 직책으로 진출했다.
설리는 몽골 궁중에서 쓰던 말로 돕는다는 뜻이 있다. 어원
을 찾아서 밝혀 주는 것도 국어사전이 해야 할 일이다.

상설(尙設) 『역사』 조선 시대에, 내시부에 속한 종칠품
벼슬.
상제(尙除) 『역사』 조선 시대에, 내시부에서 주로
청소의 일을 맡아보던 정팔품 벼슬.
상문(尙門) 『역사』 조선 시대에, 내시부에 속한, 궁문을
지키는 일을 맡아 하던 종팔품 벼슬.
상경(尙更) 『역사』 조선 시대에, 내시부에 속한 정구품
벼슬.

'상설'과 '상경'은 어떤 일을 맡았는지에 대한 설명이

없다. 상설은 휘장 관리, 자리 깔기, 청소 등의 일을 했고, 상경은 다양한 시중을 드는 일과 함께 야간에 시각을 알리는 임무를 맡았다. 상설, 상제, 상경은 여섯 명, 상문은 다섯 명이었다.

이제 마지막 직책을 알아볼 차례다.

상원(尚苑) 『역사』 조선 시대에, 내시부에서 수라상을 미리 검사하는 일과 청소의 일을 맡아보던 종구품 벼슬.

역시 기대를 저버리지 않는다. '苑'이라는 한자만 봐도 이런 풀이를 할 수 없다. '상원'은 수라상 검사와 청소가 아니라 궁중의 정원을 관리하는 일을 했다. 인원은 다섯 명이었다.

앞서 말한 것처럼 환관, 즉 내시는 왕과 왕비, 왕자와 공주 곁에 머물며 다양한 시중을 들었으며, 다른 부서로 파견을 나가기도 했다. 그럼에도 그들이 맡은 고유한 업무가 있었으니, 풀이할 때 그런 점을 밝혀 주었어야 한다. '상'尚이라는 한자는 여러 가지 뜻이 있는데, 그중에 어떤 일을 주관한다는 뜻도 있다. 그래서 '상'에 다른 한자를 붙여 그 한자가 뜻하는 일을 주관하는 직책이나 부서의 이름으로 사용했다.

(5) 기타

서북송탐(西北松耽) 서도(西道), 북관(北關), 송도,
탐라를 아울러 이르는 말. 지금의 평안도와 황해도,
함경도, 개성, 제주도를 가리킨다.

넷을 묶은 이유가 분명히 있을 텐데, 이렇게만 풀이하
면 왜 그랬는지 이해할 길이 없다. 조선을 건국한 태조가
그쪽 지역 사람들에게는 과거에 응시할 기회를 주지 않았
기 때문이다. 차별의 대상이 된 지역을 뜻하는 말이라는 걸
풀이에 담았어야 한다.

자매(自賣) 스스로 몸을 팖.

풀이가 너무 간단하다. 자기 몸을 누구에게 어떻게,
왜 파는지에 대한 설명이 없으니 이런 말이 왜 생겼을까 궁
금하기만 하다. '자매'라는 말이 생겨난 역사의 배경을 알

려 주어야 한다. 이 말은 주로 조선 후기에 양반이나 양민이 가난하여 스스로를 노비로 팔거나, 아니면 부모가 딸을 혹은 남편이 아내를 남의 집 첩으로 팔던 일에서 비롯했다. 그렇게 판 노비를 '자매노비'自賣奴婢라고 부르기도 했다. 심청이 공양미 3백 석에 자신의 몸을 팔았던 것과 비슷하다고 할 수 있다.

> **다산^정원**(茶山庭園)『역사』조선 후기의 학자인 다산
> 정약용의 개인 정원(庭園). 방지(方地), 정석(丁石),
> 정자(亭子) 따위를 중심으로 하여 만든 우리나라 전통
> 정원의 표본으로, 전라남도 강진에 있다.

다산초당을 중심으로 정약용이 거처했던 공간을 일부에서 '다산정원'이라 부르기도 하는 모양인데, 아무래도 명칭이 낯설다. 정식 명칭은 '강진 정약용 유적'이고 사적 제107호로 지정되어 있다. 널리 알려진 다산초당이나 정식 명칭인 '강진 정약용 유적'이 아니라 왜 '다산정원'을 표제어로 삼았을까? 정약용의 출생지인 남양주에 생가와 묘, 기념관 등이 있는데, 그곳에 조성해 놓은 정원을 다산정원이라 부른다. 헷갈리기 딱 좋은 상황이다.

풀이에서 '방지'와 '정석'은 무얼 말하는 걸까? 둘 다 표제어에 없다. 더구나 방지는 한자 표기가 틀렸다. '方池'라고 표기해야 하며, 네모반듯하게 꾸민 연못을 말한다. 그리고 정석은 정약용이 유배가 풀려 강진을 떠나올 때 집 옆 바위에 자신의 성姓을 따서 '丁石'이라고 직접 새긴 글씨다. 이런 설명이 없으면 정석이 뭔지 알 길이 없다. 다산 유적지에 다산사경茶山四景이 있는데, 정석과 약천藥泉, 다조茶竈, 연지석가산蓮淵石假山을 가리킨다. 약천은 정약용이 찻물을 얻기 위해 초당 뒤편에 직접 판 샘이고, 다조는 차를 끓이던 부뚜막이다. 그리고 연지석가산에서 '석가산'은 연못 한가운데 돌로 탑처럼 쌓아 올린 것을 말한다.

풀이에 있는 '정자'는 또 뭘까? 정자라고 했으니 다산 초당을 말하는 건 아닐 테고, 정약용이 머물던 당시에는 근처에 정자가 없었다. 1975년에 천일각이라는 정자를 만들어 놓긴 했으나, 정원과 꽤 떨어진 곳에 따로 자리 잡고 있다.

정원과 관련된 다른 낱말을 하나 보기로 하자.

돌연못(一蓮一) 연꽃을 키우기 위하여 돌로 만든 정원 장식물.

풀이가 충분하지 못하다. '돌연못'은 돌 가운데를 파서 작은 연못처럼 만든 다음 식물을 키우는 것이다. 주로 연꽃을 키우긴 하지만 다른 식물을 키울 수도 있고, 크기가 작은 것은 정원이 아니라 마당이나 집 안에 들여놓을 수도 있다.

학교원(學校園) 학교 안에 만들어 놓은 정원이나 논밭. 환경의 미화 및 자연 과학의 연구, 정서 교육, 근로 체득 따위를 목적으로 한다.

교사로 있는 동안 '학교원'이라는 말을 들어 본 적이 없다. 조경 분야에서 더러 사용하는 말인데, 일본어 사전에 이 낱말이 있는 것으로 보아 일본에서 건너온 말로 보인다.

끝으로 특이한 낱말을 하나 소개한다.

태을도(太乙道) '도둑질'을 완곡하게 이르는 말.

두 사전의 풀이가 같다. 그런데 '태을도'가 어디서 온 말이기에 도둑질을 뜻하게 됐을까? 분명 유래가 있을 테고, 대사전이라면 낱말에 대한 모든 정보를 담아야 한다. 어디선가 이 말이 쓰였을 테니 최소한 출처와 예문이라도 실어 주어야 하는데, 달랑 도둑질을 뜻하는 말이라고만 해 놓았으니, 사전을 찾는 사람들에 대한 예의가 아니다.

> 윤직원 영감은 상노아이놈을 똑똑한 놈을 두는 법이
> 없습니다. 똑똑한 놈이면 으레껀 흠치, 흠치, 즉
> 태을도를 한대서 그러는 것입니다.
> ―채만식,『태평천하』중에서

여기 나오는 '흠치'는 흠치교를 말하는데, 흠치교는 증산교를 달리 부르는 말이다. 그러므로 '태을도' 역시 증산교에서 사용하던 말로, '태을'은 천지만물이 나고 이루어진 근원을 뜻한다. 표준국어대사전에서는 증산교를 다음과 같이 자세히 풀고 있다.

> **증산교**(甑山敎) 『종교』 조선 고종 때 증산
> 강일순이 전라북도 정읍에서 세운 종교. 유불선을
> 종합하여 신화일심(神化一心), 인의상생(仁義相生),
> 거병해원(去病解怨), 수천선경(修天仙境)의 네

강령을 교리로 삼아 포교하여 널리 퍼졌으며, 뒤에
태을교·보천교를 비롯하여 11개 교파로 나뉘었다.

늑증산대도교·흠치교

그런데 증산교와 도둑질은 어떻게 연결이 되었을까?
이 풀이에서처럼 증산교는 교주가 죽은 후에 여러 교파로
나뉘었는데, 그중에 차경석이 1916년에 정읍에서 세운 보
천교가 있다. 보천교는 신자들에게 전 재산을 바치도록 했
고, 차경석 본인을 천자天子라 부르도록 했다. 그리고 만주
에서 소나무를 수입하여 보천교 본부 안에 십일전十一殿이
라는 웅장한 건물을 세우기도 했다. 이렇듯 보천교가 사이
비 종교로 흐르자 많은 이들이 보천교를 조롱하고 비난했
다. 또 그 와중에 보천교의 주요 간부였던 신현철이 교비를
유용한 사건으로 쫓겨나자 서울에서 태을교를 세웠는데,
바로 이런 배경에서 태을도가 도둑질을 뜻하게 되었던 것
이다.

태을도는 일제 강점기 시절에 잠시 유행어처럼 쓰였
을 뿐, 지금은 태을도를 도둑질이라는 뜻으로 사용하는 사
람은 없다. 그러므로 이런 말은 싣지 말든지, 실었으면 유
래라도 밝혀 주는 게 사전 편찬자들의 기본 태도다.

　　한자어 낱말 중에 중국의 제도나 풍습을 말하는 건지, 우리나라에서 사용하던 말인지 아리송한 것이 많다. 정확한 풀이를 해 주지 않아서 발생하는 일이다. 다음은 표준국어대사전에 나오는 낱말이다.

　　어처(御妻)『역사』천자(天子)를 모시던 가장 하위의
　　여관(女官). 정원이 81명이었다.

　　풀이에 '천자'라는 말이 나오니 중국 궁중의 직책을 말하는 모양이라고 짐작할 수는 있다. 일단 '천자'의 뜻풀이는 이렇다.

　　천자(天子) 천제(天帝)의 아들, 즉 하늘의 뜻을 받아

하늘을 대신하여 천하를 다스리는 사람이라는 뜻으로, 군주 국가의 최고 통치자를 이르는 말. 우리나라에서는 임금 또는 왕(王)이라고 하였다.

중국을 섬기던 처지에서 우리나라 임금이 '천자'라는 말을 쓰기는 어려웠을 것이다. 그렇다 해도 '어처'의 풀이에서 '중국에서 천자를 모시던' 정도로 정확히 풀어 주었으면 좋았겠다는 생각이 든다. 풀이에 나오는 '여관'은 또 어떨까?

여관(女官) 『역사』 =나인.
나인 『역사』 고려·조선 시대에, 궁궐 안에서 왕과 왕비를 가까이 모시는 내명부를 통틀어 이르던 말. 엄한 규칙이 있어 환관(宦官) 이외의 남자와 절대로 접촉하지 못하며, 평생을 수절하여야만 하였다.

'나인' 풀이를 보니 중국 이야기는 없고 '고려·조선 시대'라는 말만 나온다. 그런데 '여관'과 '나인'이 같다고만 해 놓았으니 이걸 어떻게 받아들여야 할까? 여관의 풀이를 중국 제도에 맞게 자세히 풀어 주든가, 여관 대신 시녀나

시종 같은 말을 사용했어야 하는 게 아닐까 싶다.

어처라는 말이 어디서 나왔는가 했더니, 『예기』禮記 「혼의」婚儀 편에 "천자는 후后 1명, 부인夫人 3명, 빈嬪 9명, 세부世婦 27명, 어처御妻 81명을 둘 수 있다"고 되어 있다.

> **세부**(世婦) 『역사』 고대 중국에서, 천자를 모시던 후궁의 하나. 빈(嬪)의 아래, 어처(御妻)의 위로, 27명을 두었다.

여기는 그래도 풀이에 '고대 중국'이라는 말이 들어 갔다.

> **반련**(攀戀) 어진 장관이 갈려 갈 때 관민(官民)이 차(車)를 끌어당기며 사모의 뜻을 나타냄.

이 낱말 역시 그렇다. 예전에 우리나라에서는 주로 고을의 수령이라는 말을 썼지 '장관'이라는 말은 잘 안 썼다. 그러니 역시 중국 이야기임이 분명하다.

당나라 때 편찬된 역사서인 『북사』北史 「이루겸전」伊婁謙傳에 이런 구절이 나온다.

吏人攀戀, 行數百里不絶.

수레를 끌어 잡는 관리와 백성이 수백 리를 가도록

끊이지 않았다.

출처와 함께 중국에서 건너온 말이라고 밝혀 주었어

야 한다. 풀이에서 차를 끌어당긴다고 했는데, 수레라고

했어야 한다.

이제 잠시 중국 주나라로 가 보자.

구복(九服) 『역사』 중국 주나라 때에 수도를 중심으로

거리에 따라서 나눈 행정 구획. 왕성(王城)으로부터

사방 천 리를 왕기(王畿)라 하고, 그다음부터 오백

리마다 차례로 후복(侯服), 전복(甸服), 남복(男服),

채복(采服), 위복(衛服), 만복(蠻服), 이복(夷服),

진복(鎭服), 번복(藩服)의 아홉 구역으로 나누었다.

이 풀이에 나오는 아홉 구역 중에서 오로지 '전복'만

표제어에 있다. 그 이유는 아무도 모른다.

전복(甸服) 예전에, 중국에서 둔 오복(五服)의 하나.

상고 때는 왕기(王畿)로부터 5백 리 안의 땅, 주나라

때에는 후복(後服)의 다음 5백 리 안의 땅을 뜻하였다.

여기서는 구복이 아니라 '오복'의 하나라고 했다. 구

역을 오복으로 나누기도 했던 모양이다. 그건 그렇다 치고

이 풀이에서는 '후복'의 한자가 '後服'인데, 구복의 풀이에

서는 '侯服'으로 그 표기가 다르다.

　　오복이 표제어에 없는 대신 '육복'이 따로 있다.

육복(六服) 『역사』1. 중국 주(周)나라 때에, 왕성의

외부를 왕성으로부터의 거리를 근거로 해서 나눈 여섯

구획. 후복(侯服), 전복(甸服), 남복(男服), 채복(采服),

위복(衛服), 만복(蠻服)을 이른다.

2. 중국 주나라 때에, 천자와 왕후가 입던 여섯 가지

의복.

　　여기도 '후복'의 한자가 '侯服'으로 되어 있는데, 이 표

기가 맞다. 오복, 육복, 구복으로 구분하는 거야 그들 마음

대로라고 하고, 육복의 2번 풀이를 보니 의복을 가리키는

말로도 사용한 모양이다. 천자와 왕후가 입던 의복이라고
했는데, 다른 자료들을 보니 모두 왕후가 입던 옷이라고만
되어 있다.

이왕 살펴본 김에 하나만 더 보도록 하자.

육례(六禮) 1. 유교 사회에서 행하는 여섯 가지 큰
의식. 관례(冠禮), 혼례(婚禮), 상례(喪禮), 제례(祭禮),
향례(鄕禮), 상견례(相見禮)를 이른다.
2. 우리나라에서 전통적으로 내려오는 혼인의 여섯
가지 예법. 납채, 문명(問名), 납길, 납폐, 청기(請期),
친영을 이른다.

1번 풀이에 '향례'와 '상견례'가 나오는 게 이채로운데,
향례는 따로 표제어에 없다. 두산백과에서 '육례'를 찾으
니 다음과 같이 나온다.

그 기원은 중국이며 몇몇 육례가 있다. 즉 『예기』
「왕제편」(王制篇)에는 관례(冠禮): 成人禮, 혼례(昏禮),
결혼·상례(喪禮): 葬禮, 제례(祭禮): 宗廟祭, 향례(鄕禮):
謝禮·飮酒禮, 상견례(相見禮): 公式初對面禮의 육례를

들었으며……

향례에 병기된 한자어를 봐도 어떤 종류의 의례인지
알기가 쉽지 않아 이리저리 찾다가 다음 낱말을 발견했다.

향음주례(鄕飮酒禮)『민속』예전에, 온 고을의
유생(儒生)이 모여 향약(鄕約)을 읽고 술을 마시며
잔치하던 일.

줄여서 '향음례'라고도 하는데, 이게 향례에 해당하
던 것임을 알 수 있다. 육례의 2번 풀이는 혼인에 관한 것인
데, '문명'과 '청기'는 한자 표기가 있지만 다른 네 개는 없
다. 사소한 것으로 치부할 수도 있겠지만, 이런 식의 무원
칙한 표기는 문제다. 아무튼 여섯 항목 중 두 항목의 풀이
를 보자.

납길(納吉) 신랑 집에서 혼인날을 정해서 신부 집에
알림.
청기(請期)『민속』전통 혼례에서 행하는 여섯 가지
의식 가운데 하나. 신랑 집에서 신부 집으로 예물을

보낸 뒤에 신랑 집에서 혼인날을 택하여 그 가부를 묻는 편지를 신부 집에 보낸다.

둘 다 혼인날을 정하는 절차라고 했으니, 둘 중 하나는 잘못된 게 분명하다. 결론은 '납길'의 풀이가 잘못됐다는 건데, 두 사전이 같은 오류를 범하고 있다. 『한국민족문화대백과사전』 등을 보면 '납길'은 혼인의 길흉을 점쳐서 길함을 얻으면 그 결과를 신부 측에 알리는 것이라고 나온다.

이번에는 중국의 경극에 대해 알아보자.

단(旦) 『연영』 중국 연극에서, 여성으로 등장하는 배우.

표준국어대사전에만 있고 고려대 한국어대사전에는 나오지 않는 낱말이다. 낱말 자체도 낯설지만 풀이도 참 허술하다. 중국 연극도 종류가 다양한데 어떤 종류의 연극에 해당하는지, 또 '여성으로 등장하는 배우'가 여자 배우를 뜻하는지 여성으로 분장한 남자 배우를 뜻하는지 모호하다. 경극을 말하는 게 아닐까 싶어 찾아보니 짐작이 맞았다. 짧게 요약하면 이렇다.

경극에 출연하는 배우는 크게 생生, 단旦, 정净, 축丑으

로 나뉜다. 생은 남자 역으로 다시 노생老生, 소생小生, 무생
武生으로 나뉜다. 단은 여자 역으로 다시 정단正旦, 노단老旦,
화단花旦, 무단武旦, 도마단刀馬旦, 채단彩旦 등으로 나뉜다.
정은 호방한 남자 역으로 다시 정정正淨, 부정副淨, 무정武淨,
모정毛淨으로 나뉜다. 축은 익살꾼이나 환관, 교활한 남자
역으로 다시 문축文丑, 무축武丑, 여축女丑으로 나뉜다. 캐릭
터가 무척 다양하다는 걸 알 수 있다.

표준국어대사전에서 여기에 나오는 배역 명칭을 일
일이 찾아봤는데, 다음 낱말만 보인다.

> **정단**(正旦) 『연영』 중국 경극에서, 어진 어머니나
> 절개 있는 여자로 분장하는 주연급 남성 연기자.
> 청의(青衣)라고도 이른다.

이번에는 경극이라는 말을 집어넣고, 풀이도 제법 성
의 있게 해 놓았다. 끝에 덧붙인 '청의'라는 표제어를 찾아
가면 경극과 관련한 풀이가 없다는 게 문제이긴 하지만. 더
궁금한 건 경극에 출연하는 배우가 역할에 따라 무척 다양
한데 무슨 기준으로 단과 정단만 실었느냐는 점이다. 다 싣
든지 다 빼든지 했어야 한다.

경극(京劇) 『연영』노래와 춤과 연극이 혼합되어 있는 중국의 전통극.

경극(京劇) 『연극』노래, 춤, 연기가 혼합된 중국의 전통 연극. 호궁, 징, 북을 중심으로 한 반주, 곡조(曲調)가 실린 대사, 무용에 가까운 동작 등을 특징으로 하며, 남자 배우만 출연한다.

표준국어대사전은 참 간단하게 풀었고, 고려대 한국어대사전은 비록 충분하지는 않지만(발생과 흥행 시기에 대한 정보 누락 등) 그런대로 잘 풀었다. 다만 한 가지 아쉬운 게 있다. 경극의 특징이라고 하면 흔히 여성 역을 남자 배우가 한다는 점을 꼽는다. 그래서 고려대 한국어대사전의 풀이도 '남자 배우만 출연한다'라고 되어 있다. 하지만 그런 전통이 무너진 지 한참 됐다. 여성 역을 맡을 남자 배우가 줄면서 1980년대 이후부터 여자 배우가 여성 배역을 맡는 경우가 많아졌다. 그런 현실을 반영한 풀이가 있어야 한다.

한 가지 더 짚어 보자. 다음은 표준국어대사전에 나오는 낱말들이다.

이황(二黃) 『연영』1. =경극.

2. 경극에서 연주되는 곡조.

서피(西皮) 『음악』경극(京劇)에서 쓰는 곡조의 하나.

풀이에 '곡조'라고 되어 있는데 어떤 종류의 곡조인지 모르겠다. 궁금증이 엉뚱한 데서 풀렸다.

피황희(皮黃戲) 『연영』중국 경극의 기초가 된 지방극. 피리 반주를 특색으로 하는 이황과 호궁을 중심으로 하는 서피가 있다.

정작 본 낱말에서는 안 풀고 다른 낱말에서 뜻을 알려 주는 건 무슨 심보일까? 낱말 뜻이 궁금해서 사전을 찾아 보는 건데, 사전을 보면 더 궁금증이 이는 건 어떻게 설명 해야 할지 모르겠다.

이번에는 별자리에 대한 이야기다.

묘성(昴星) 『천문』이십팔수(二十八宿)의 열여덟째 별자리의 별들. 황소자리의 플레이아데스성단에서

가장 밝은 6~7개의 별로, 주성(主星)은 황소자리의
이타성이다. 중국 구요성(九曜星)의 하나로, 청룡을
타고 손으로 해와 달을 떠받들고 분노하는 신상(神象)의
모습이다. ≒계도(計都)·계도성(計都星)·묘(昴)·
묘수(昴宿)·육련성(六連星)·좀생이별

　풀이에 '주성은 황소자리의 이타성'이라는 말이 나오
는데, '이타성'이 어떤 별인지 모르겠다. 표제어에도 없고,
백과사전에서 별자리를 검색해 봐도 나오지 않는다. 한자
어 같긴 한데 한자 표기가 없어 뜻을 유추하기도 힘들다.
말 그대로 오리무중이다.

　'구요성의 하나'라는 풀이도 이상하다. 앞에서 '별들'
이라고 했으니 여러 개의 별이 모인 것을 가리킬 텐데, 이
풀이에선 하나의 별을 가리키니 말이다. 궁금증을 풀기 위
해 '구요성'을 찾아보았다.

　구요성(九曜星)『민속』1. 고대 인도에서 점성(占星)에
이용된 아홉 개의 별. 일요성, 월요성, 화요성, 수요성,
목요성, 금요성, 토요성의 일곱 별과 나후, 묘성의
두 별을 합친 것이다.

2. =구성(九星).

여기에 '묘성'이 나오는데, 중국이 아니라 인도에서 부르던 이름이라고 한다. 그렇다면 묘성 풀이에서 '중국 구요성'이 아니라 '인도 구요성'이라고 했어야 한다. 이번에는 동의어로 표시된 '구성'을 찾아볼 차례다.

구성(九星) 『민속』 1. 고대 중국에서 운명을 판단하는 데 이용하던 아홉 개의 별. 이에는 일백, 이흑, 삼벽, 사록, 오황, 육백, 칠적, 팔백, 구자가 있다. ≒구요성(九曜星)

'구요성' 2번 풀이에서는 구성과 동의어라는 표시(=)를 한 반면 '구성' 풀이에서는 유의어라는 표시(≒)를 했다. 구요성과 구성이 같은 건지 다른 건지 헷갈린다. 풀이로만 보면 구요성은 고대 인도에서 이르던 아홉 개의 별이고, 구성은 고대 중국에서 이르던 아홉 개의 별이다. 그리고 거기 속한 별 이름도 서로 다르다. 옛날에 구요성과 구성을 섞어서 썼을 수도 있겠으나, 국어사전에서는 분명히 구분해서 밝혀 줄 필요가 있다. 그렇지 않다 보니 사전을 찾는 독자는 혼란을 일으킬 수밖에 없다.

22.   국어사전이 외래어를 대하는 법

(1) 이상한 외래어

표준국어대사전에서 '비'의 동음이의어를 찾아보던 중에 다음 낱말을 발견했다.

비(B) 종이 규격을 나타내는 단위. B3, B4, B5 따위로 숫자가 올라갈수록 크기가 작은 것을 이른다.

그런데 이상하게 '에이'A 항목을 찾으니 종이 규격을 나타내는 말이 보이지 않는다. 분명 A3, A4 같은 크기의 종이도 있는데 말이다. 둘 다 빼든 둘 다 넣든 분명한 기준이 있어야 한다.

이번에는 '시' 항목을 찾아보았다.

시(C) 비타민의 한 종류.

'에이' 항목에도 '비' 항목에도 비타민 관련 풀이는 없다. 역시 등재 기준이 없는 거다. 참고로 비티민에이, 비타민비, 비타민시 등이 별도 표제어로 올라 있다. 그렇다면 굳이 '시' 항목에서 비타민 얘기를 할 필요가 없었다.

이번에는 고려대 한국어대사전에서 이상한 걸 발견했다.

시(C) 백(百)에 해당하는 로마 숫자.

덕분에 'C'가 로마 숫자로 100을 뜻한다는 건 알게 됐으나 '브이'v 항목에는 숫자 5를 뜻한다는 풀이가 없고, '엑스'x 항목에도 10을 뜻한다는 풀이가 없다. 그냥 뒤죽박죽이라는 말이 딱 어울리는 상황이다.

다음은 표준국어대사전에 실린 낱말이다.

포드콘(pod corn) 옥수수를 자실(子實)의 형태에 따라 분류한 가장 원시적인 종류.

'가장 원시적인 종류'라는 게 무슨 뜻인지 통 짐작할 수가 없거니와 '자실'이라는 말도 무슨 뜻인지 정확히 알아보고 싶어도 국어사전에 올라 있지 않다. 할 수 없이 영어 사전에서 'pod corn'을 찾으니 '유부종有浮種 옥수수'라고 나온다. 갈수록 태산이라더니, '유부종'은 또 뭘까? 이 낱말은 두 사전 어디에도 나오지 않는다. 다행히 국립국어원이 시범 운영하는 우리말샘에서 '유부종'을 찾을 수 있었다.

유부종(有浮種)『식물』옥수수에서, 씨 하나하나가 껍질로 싸여 있고, 그 겉의 이삭 전체도 다시 껍질에 싸여 있는 종.「학명」「영어」pod corn

애초에 외래어도 아닌 낯선 외국어를 국어사전에 올리면 안 되는 거였다. 이런 말은 수없이 많다. 다음 낱말들이 외래어일까, 외국어일까? 왜 이런 말들이 국어사전에 올라야 하는지 궁금하다.

비카타르(鼻catarrh)『의학』=코염(코안 점막에 생기는 염증을 통틀어 이르는 말).

말피기^소체(Malpighi小體) 『의학』 =콩팥 소체(콩팥의
겉질에 있는 공 모양의 조직).

샌드^케이(sand cay) 『지리』해안선에 나란히 있는 작은
모래섬.

해클링(hackling) 『수공』마사(麻絲) 방적에서,
아마·대마·황마 따위의 섬유를 잘게 갈라서 나란히
정리하는 일.

모레인(moraine) 『지리』 =빙퇴석(빙하에 의하여
운반되어 하류에 쌓인 돌무더기).

세미너리(seminary) 『교육』 1. =신학교(신학 교육을
통하여 교직자를 양성하는 고등 교육 기관).
2. 종교 단체가 경영하는 교육 기관.

디스포저(disposer) 부엌에서 나오는 음식 찌꺼기를
잘게 부수어 물과 함께 하수도로 흘려서 보내는 기구.

부비(booby) 『운동』골프·볼링 따위에서, 최하위 다음
두 번째 순위의 사람에게 주는 상. 정식 경기에는 없는
친목적인 것이다. 행운상이나 노력상과 같은 유형을
말한다.

키니식스(kinesics) 『언어』말을 할 때에 자연히

나타나는 몸짓·손짓의 의미를 연구하는 학문.

엔실리지(ensilage) 『농업』 작물을 베어서 저장탑이나 깊은 구덩이에 넣고 젖산을 발효시켜 만든 사료. 오랫동안 저장할 수 있으며 영양가가 높아 주로 겨울철의 사료로 쓴다.

티머시(timothy) 『식물』 '큰조아재비'를 달리 이르는 말.

티맥스(T-max) 『약학』 약물을 생체에 투여하였을 때 혈액의 약물 농도가 최고에 도달하는 데 걸리는 시간.

셰어(share) 『경제』 상품의 시장 점유율.

인컴^게인(income gain) 『경제』 유가 증권의 이자나 배당 수입.

나인(nine) 『운동』 야구에서, 한 팀을 이루는 아홉 명의 선수.

그 분야와 관련이 있는 사람들은 들어 본 낱말이 있을 수 있다. 하지만 일반인에게 이런 낱말들은 너무 낯설다. 특히 '비카타르'니 '말피기소체'니 하는 말들은 엄연히 우리말이 있는데 굳이 외국 말까지 친절하게 소개할 필요가 있는지 모르겠다.

'나인'이 야구의 한 팀을 이루는 말이라는 걸 보고는

한숨을 쉬기도 했다. 그렇다면 축구 선수 한 팀은 열한 명인데 '일레븐'eleven이라는 말은 왜 없을까? '육인제배구'는 표제어에 있는데 '구인제배구'는 없다. 아마추어 배구는 필요 없다는 얘기인 모양이다.

퍼블리시티^릴리즈(publicity release) 『언론』관청, 기업 따위에서 언론 기관에 정보 제공 또는 취재 협력을 위하여 행하는 발표. 또는 그런 인쇄물.

풀이를 보니 딱 '보도자료'를 말하는 건데 정작 보도자료라는 말은 표제어에 없다.

필링(pilling) 마찰로 인하여 천이나 뜨개질한 옷의 표면에 생기는 작고 동그란 보풀. 합성 섬유에서 많이 볼 수 있다.
필링(filling) 1. 직물에서, '씨실'을 이르는 말. 2. 요리에서, 샌드위치 따위의 소.

'필링'이라는 낱말이 두 개나 표제어에 있지만 필링보다 많이 쓰는 '힐링'healing은 표제어에 없다. 그리고 '필링'filling의 2번 풀이에서 '샌드위치 따위의 소'라고 했는데, 햄버거에 넣는 '패티'나 피자에 사용하는 '도우' 같은 말은 표제어에 없다.

듀어병(Dewar瓶) '보온병'(保溫瓶)을 달리 이르는 말. 개발자인 듀어의 이름을 따서 붙인 이름이다.

보온병이면 됐지 '듀어병'은 또 무언지 모르겠다. 주위에서 듀어병이라는 말을 쓰는 사람을 본 적이 없다. 보온병이라고 하니까 텀블러가 생각나서 찾아보았다.

텀블러(tumbler) 굽과 손잡이가 없고 바닥이 납작한 큰 잔.

뜻풀이가 제대로 됐다고 여기는 사람들이 얼마나 될까?

이어서 낯선 낱말을 하나 소개한다. 테니스를 좋아하는 사람들은 알 수도 있겠다.

스무드(smooth) 『운동』경식 정구에서, 라켓 장식

거트가 달려 있지 아니한 면.

스무드(smooth) 『체육』테니스에서, 라켓 장식 거트가
달려 있지 아니한 면.

'경식 정구' 대신 '테니스'라고 한 것만 다르고 나머지
는 똑같다. 정구는 연식 정구와 경식 정구로 나뉘는데, 경
식 정구가 테니스를 가리킨다. 요즘은 경식 정구라는 말을
안 쓰므로 고려대 한국어대사전처럼 '테니스'라고 푸는 게
좋다.

문제는 '거트'가 표제어에 없다는 사실이다. 거트 대
신 다음 낱말이 있다.

거트현(gut絃) 양(羊)의 소장(小腸)을 정제해서 만든
가는 줄. 라켓 줄이나 바이올린 계통의 현악기 또는 하프
따위에 쓴다.

'거트'와 '거트현'은 같은 말임을 알 수 있다(테니스 라
켓 줄을 스트링이라고도 한다). 그럼에도 '스무드'의 뜻풀
이를 이해하기는 쉽지 않다. '장식 거트'도 그렇고 '달려 있
지 아니한'도 모호하다. 풀이대로 하면 테니스 라켓의 줄

이 달려 있는 면과 안 달려 있는 면이 있다는 말이 되므로!
할 수 없이 테니스 용어만 모아서 해설해 놓은 걸 찾아보
았다.

> **스무드**(smooth) 라켓의 겉쪽. 서비스나 사이드를
> 정하는 토스 때에 쓰이는 말. 안쪽을 '러프'라고 한다.

이제 좀 이해가 된다. 라켓 테두리 안에 그물 형태로
줄을 팽팽히 매달아 조였을 때, 안쪽과 바깥쪽(혹은 거친
쪽과 부드러운 쪽)을 각각 러프rough와 스무드smooth라고
한다는 걸 알게 되었다. 풀이도 어렵거니와(정확히 얘기하
면 풀이가 잘못된 거다) 상대어인 러프는 표제어에 없다.

> **미디엄**(medium) 『예술』예술 표현의 수단. 또는 그
> 수단에 사용되는 소재(素材)나 도구. 좁은 뜻으로는
> 그림물감의 용제(溶劑)를 이른다. '녹임 매제', '매제'로
> 순화.

'미디엄'이 저런 뜻으로만 쓰일까? 스테이크를 적당
히 익힌 상태라는 뜻으로도 쓰고, 옷의 사이즈에도 사용하

는데 그런 풀이는 보이지 않는다. 미디엄 대신 '엠사이즈'가 표제어에 있긴 하다.

미디움사이즈(medium size) 셔츠나 블라우스 따위의 의류 규격 가운데 중간 크기의 것.

고려대 한국어대사전에 실린 낱말인데, 외래어 표기법에 따르면 '미디움'이 아니라 '미디엄'이라고 해야 한다.

(2) 독일어 낱말

이번에는 독일어로 된 낱말을 찾아가 보자. 다음과 같은 낱말들이 실려 있는 게 국어사전일까, 아니면 독일어 사전일까? 표준국어대사전에 독일어가 천 개 이상 실려 있는데, 일부만 소개한다. 독일어에 능통한 사람도 사전을 보기 전에는 처음 접하는 낱말이 많을 듯하다.

반트(Wand) 『운동』 등산에서, '암벽'(巖壁)을 이르는 말.
에세스(Eses) 『음악』 '미' 겹내림을 문자로 표시한 것을 이르는 말.

아르보스(Arbos) 『약학』 장뇌 같은 냄새가 나는 누런 빛깔의 고체. 물에 잘 녹으며 소독제로 쓴다.

키젤바흐^부위(Kiesselbach部位) 『의학』 코피가 잘 나는, 콧구멍의 앞쪽 밑부분을 이르는 말.

호벨(Hobel) 『광업』 완전 자동으로 석탄을 캐는 데 쓰는 기계의 하나. 회전하는 칼날이 탄층면을 깎아 석탄을 캔다.

뷔겔(Bügel) 『물리』 전동차의 전기를 모으는 장치의 하나. 강관(鋼管)으로 만들어진 두 개의 틀이 윗부분에서 굽어져 그 사이에 회전봉식 또는 활주식의 마찰 판이 부착되어 있다. 주로 노면 전차 따위에 쓴다.

우스풀룬(Uspulun) 『농업』 온갖 작물의 씨앗에서 전염되는 병해를 막을 뿐만 아니라 씨앗의 싹트기, 뿌리 내리기를 촉진시키는 씨앗 소독제.

테르펜틴(Terpentin) 『화학』 송백과 식물의 줄기를 벗겼을 때 흘러내리는 끈끈한 진.

외래어가 아니라 외국어라고 해야 할 것들이다. 대체로 전문어로 분류되어 있는데, 그러다 보니 풀이도 엉성하거나 이해하기 어려운 말로 해 놓았다. 본보기로 몇 개만 살펴보자.

조머스키(Sommerski) 『운동』 잔설기(殘雪期)나 여름철에 눈이 쌓인 골짜기를 지치는 데에 쓰는 1~1.5미터의 짧은 스키.

'잔설기'라는 말이 표제어에 없다.

판타지슈튀크(Phantasiestück) 『음악』 자유로운 형식으로 만든 환상적 소기악곡(小器樂曲).

'소기악곡'이라는 말이 표제어에 없다.

우리카아제(Uricase) 『생물』 요산의 산화를 촉매하는 효소. 간, 지라, 콩팥 따위에 있으며 요산을 알란토인(allantoin)으로 변환한다.

'알란토인'이라는 말이 표제어에 없다.

아우프탁트(Auftakt) 『음악』 소절(小節)의 도중, 즉 약부(弱部)에서 시작되는 박자.

'약부'라는 말이 표제어에 없다.

메트리크(Metrik) 2. 『음악』 박자의 강약을 연구하는 박절법(拍節法).

'박절법'이라는 말이 표제어에 없다.

풀이에 있는 낱말이 표제어에 없으면 풀이 자체를 이해하기 힘든 경우가 많다. '잔설기'나 '소기악곡' 같은 경우는 한자가 있어 그나마 이해하는 데 큰 어려움이 없으나 다른 전문어의 경우 난감한 상황에 빠질 수밖에 없다.

다음 낱말은 그중에도 상당히 심한 경우다.

아플라나트(Aplanat) 『물리』 렌즈 따위의 광학계에서 광축상의 특정한 위치에 있는 물점(物點)에 구면 수차가 보정(補正)되고 정현 조건(正弦條件)을 만족시키는 상을 맺는 일. 또는 그런 렌즈.

'물점'은 표제어에 없고, '구면 수차'와 '정현'은 표제어에 있긴 하다. 정현을 '사인sine의 전 용어'로 풀고 있는데, 수학 실력이 부족한 사람은 '정현 조건'이 무얼 말하는지 알기 어려울 것이다. 대체 이런 풀이로 '아플라나트'라는 어려운 말을 제대로 이해할 수 있는 사람이 얼마나 될지 모르겠다.

다음 낱말은 또 어떤가?

탐폰(Tampon) 『의학』 '솜방망이'의 전 용어.

이렇게 무성의하게 풀어도 되는 걸까? '솜방망이' 항목을 찾아가면 3번 풀이에 '『의학』 소독한 솜, 거즈 따위를 원통圓筒이나 공 모양으로 만든 것. 국부局部에 넣어서 피를 멈추게 하거나 분비액을 흡수하는 데 쓴다'라는 내용이 나오긴 한다. 하지만 '삽입형 생리대로 사용한다'는 말이 들어갔어야 한다. 외래어를 우리말로 순화하는 것도 좋지만, 바꿔 놓는다고 해서 사람들이 그것을 자연스럽게 쓰는 건 아니다. 일상생활에서 탐폰 대신 솜방망이를 쓰는 사람이 얼마나 되겠는가. 애초부터 탐폰 항목에서 제대로 된 풀이를 해 주었어야 한다.

이번에는 더 황당한 낱말을 하나 보자,

슈뇌르켈차(Schnörkel車) 사다리를 갖추고 있는 소방차.

정말로 이런 말을 쓰는가 싶어 인터넷에서 검색하니 아무것도 안 뜬다. 할 수 없이 독일어 사전에서 'Schnörkel'을 찾았더니 다음과 같은 풀이가 나온다.

1. 나선(螺旋) 곡선;『건축』(이오니아식의)
곡선(소용돌이꼴) 장식, 당초문(唐草紋).
2. (글씨 쓸 때의) 장식 곡선; (인명·상점 이름 등의)
머리글자의 도안 무늬.
3. 미사여구, 허식.
4.『사냥』(멧돼지 등의) 짧은 꼬리.

아무리 봐도 소방차나 사다리와 관련한 풀이는 보이지 않는다. 어떻게 된 건가 알아보니 '슈뇌르켈'Schnörkel이 아니라 '슈노르헬'Schnorchel에서 온 말이다. 잠수할 때 입에 물고 호흡을 하는 장비인 스노클snorkel이 소방 장비의 일종을 뜻하기도 하는데, 이 말의 어원이 슈노르헬이다. 일본

어 사전에도 이 말이 나온다,

> **シュノーケル**([독]Schnorchel) 1. (「スノーケル」라고도
> 함) 스노클.
> 2. 제2차세계대전 중, 독일이 실용화한 잠수함의
> 흡배기장치.
> 3. 스킨 다이빙에 사용하는, J자형의 호흡관.
> 4. 배연장치를 설치한 소방자동차.

일본어 사전에 실린 걸 가져온 것으로 보이는데, 그러면서 엉뚱한 낱말로 바꿔치기한 셈이 되었다. 그런데 이런 실수는 고려대 한국어대사전도 마찬가지다. '슈뇌르켈차'가 없는 대신 '슈뇌르켈'이 나온다.

> **슈뇌르켈**([독]Schnörkel) 1. (기본의미)『해양』잠수함이
> 잠수 중에 수면 위로 관을 내어 통풍과 배기를 할 수
> 있게 한 장치.
> 2.『해양』잠수부가 사용하는 호흡 보조 기구. 물속에서
> 입에 물고 숨을 쉴 수 있게 만든 'J'자형의 굽은 관이다.

앞서 말한 것처럼 이 풀이에 해당하는 독일어는 'Schnorchel'이다. 재미있는 건 표준국어대사전에 '슈뇌르켈' 대신 '슈노르헬'이 실려 있다는 사실이다.

슈노르헬(schnorchel) 『해양』1. 잠수함이 잠수 중에 수면 위로 관(管)을 내어 통풍과 배기를 할 수 있게 한 수중 통기 장치.
2. 잠수부가 사용하는 호흡 보조 기구.

독일어 낱말만 예로 들었지만 프랑스어나 에스파냐어 등을 찾아도 비슷한 현상을 발견할 수 있다.

(3) '–하다'가 붙은 외래어

표준국어대사전에서 외래어에 '–하다'를 붙인 말들을 찾아보았다. '서비스하다', '대시하다', '보이콧하다' 같은 말은 일상생활에서 많이 쓰므로 별 문제가 없지만 이상하다 싶은 말도 많았다. 표준국어대사전이 전문어를 무척 사랑하다 보니 그런 쪽의 말이 많은데, 특히 운동 용어가 많이 보인다.

뱅킹하다(banking——)『운동』당구에서, 선공을 결정하기 위하여 공을 치다. 공이 맞은편 쿠션에 조금 더 가까이 서도록 친 쪽이 선공의 권리를 얻는다.

플레이스하다(place——)『운동』야구·테니스·탁구 따위에서, 마음먹은 대로 공을 보내다.

플레이스킥하다(placekick——)『운동』 축구·럭비·미식축구 따위에서, 공을 땅에 놓고 차다. 킥오프, 페널티 킥, 프리 킥 따위를 할 때에 한다.

킥아웃하다(kickout——)『운동』미식축구에서, 시합을 다시 시작할 경우, 25야드 선에서 상대편 골을 향하여 공을 차 내다.

펌블하다(fumble——)『운동』야구나 미식축구 따위에서, 공을 놓치다.

킬하다(kill——)『운동』1. 테니스에서, 상대편이 받을 수 없을 만큼 강하게 공을 치다.

2. 배구에서, 네트 가까이에 높게 올려진 공을 상대편의 코트 안으로 강하게 치다.

패싱샷하다(passing shot——)『운동』테니스에서, 네트

가까이 있거나 네트 쪽으로 다가오는 상대편 선수가
미치지 못하는 방향으로 공을 쳐 보내다.

퍼트하다(putt ——) 『운동』 골프에서, 그린 위에서 컵을
향하여 공을 치다.

다운스윙하다(down-swing ——) 『운동』 골프·야구
따위에서, 클럽(club)이나 배트를 내려치듯이 휘두르다.

드롭킥하다(dropkick ——) 『운동』 럭비풋볼에서, 손으로
공을 땅에 떨어뜨렸다가 공이 다시 튀어 오르는 순간에
차다.

'드롭킥'이라는 말을 럭비풋볼에서만 쓸까? 프로레슬
링에서도 드롭킥을 사용하고 일상생활에서도 쓰는 말인
데, 그런 설명은 없다. 표제어로 올리려면 뜻풀이라도 제
대로 했어야 한다.

이 밖에도 굳이 올렸어야 하나 싶은 말을 몇 개 추려
보았다.

바터하다(barter ——) 『경제』 돈으로 매매하지 않고
직접 물건과 물건을 바꾸다. 교환하는 일의 가장
원시적인 형태이다.

체인지오버하다(changeover——) 『경제』 외국환
거래에서 같은 금액의 현물환과 선물환을 사고팔다.

나이브하다(naive——) 소박하고 천진하다.

루스하다(loose——) 행동이나 태도가 절제가 없거나
긴장이 풀려 있다.

스마트하다(smart——) 몸가짐이 단정하고 맵시가 있다.
또는 모양이 말쑥하다.

발레파킹하다([프]valet [영]parking——) 백화점,
음식점, 호텔 따위의 주차장에서 주차 요원이 손님의
차를 대신 주차하여 주다.

카무플라주하다([프]camouflage——) 불리하거나
부끄러운 것을 드러나지 아니하도록 의도적으로
꾸미다.

마스터베이션하다(masturbation——)
=수음하다(손이나 다른 물건으로 자기의 성기를
자극하여 성적(性的) 쾌감을 얻다).

섹스어필하다(sex-appeal——) 성적인 매력을 보이다.

핸섬하다(handsome——) 풍채가 좋거나 깔끔하게
잘생기다. '말쑥하다', '멋있다'로 순화.

'체인지오버하다'는 있으면서 일상생활에서 많이 쓰는 '오버하다'over――는 없고, '핸섬하다'는 있으면서 '터프하다'tough――는 없다(고려대 한국어대사전에는 둘 다 있다). 표준국어대사전 편찬자가 터프한 남자보다 핸섬한 남자를 좋아했던 모양이다.

23.　국어사전이 다른 나라를 대하는 법

　　표준국어대사전을 들고 잠시 스웨덴 여행을 떠나
보자.

　　스웨덴족(Sweden族) 『고유』 스웨덴 주민의
　　99.7퍼센트를 차지하는 민족. 북유럽 게르만족 가운데
　　가장 순수한 피를 가진 종족으로 피부는 백색, 두발은
　　금발, 눈은 청록색이다.

　　'유럽인'이라는 말은 표준국어대사전에 없다. 대신
'유럽인종'이라는 낱말을 싣고 '백색인종과 같은 말'이라
고 해 놓았다. 유럽은 꽤 많은 나라와 민족으로 구성되어
있으며, 같은 듯 다른 모습을 하고 있다. 그런데 왜 뜬금없
이 '스웨덴족'이라는 말을 표준국어대사전에 실어 놓았을

까? 덴마크족이나 네덜란드족, 에스파냐족 같은 말은 없으면서.

특정 나라 이름을 딴 것으로 '그리스인'과 '영국인'이 표제어에 있고, 핀란드 사람을 뜻하는 '핀인'Finn人도 나온다. 그리스인은 예전부터 '희랍인'希臘人이라는 말을 썼으니 이해가 되긴 한다. 그런데 독일인이나 프랑스인, 스위스인 같은 말은 없는데 영국인만 있는 건 형평성에 맞지 않는 처사로 보인다.

표제어 선정 기준이 이상하긴 하지만 그만 따지기로 하고, 스웨덴족을 표제어에 올린 이유가 뭘까 고민하다 풀이에서처럼 순수한 혈통이 돋보여서 그런 게 아닐까 하는 데 생각이 미쳤다. 99.7퍼센트면 단일민족을 자랑스럽게 내세우는 우리나라 사람들이 머쓱해질 지경이다. 그런데 저 수치가 정말일까? 여러 백과사전에서 스웨덴을 찾아본 결과 같은 민족이 많은 건 사실이지만 대체로 95퍼센트 정도로 잡고 있다. 어디서 99.7퍼센트라는 수치가 나왔는지 모르겠는데, 스웨덴에는 라프족(사미족), 롬족 같은 소수민족과 함께 핀인, 즉 핀란드 사람도 제법 살고 있다.

다음 낱말을 한번 보자.

노르디데(Nordide) 『고유』스웨덴과 노르웨이를
중심으로 한 발트해 주변과 영국 북부에 분포하는 인종.
피부, 머리털, 홍채의 빛깔이 엷고 키가 크며 머리가
길고 얼굴이 좁다.

스웨덴족보다 포괄 범위가 넓은 종족 이름인 모양이
다. 그렇다면 '노르디데' 하나면 되지 굳이 스웨덴족이라
는 말을, 그것도 수치까지 틀리면서 실었어야 했는지 의
문이다. 번역가 신견식에 따르면 노르디데는 '니그로이
드'Negroid의 '-oid'와 비슷한 어미인 '-id'를 쓴 독일어 '노르
디트'Nordid의 복수형 같은데, 현재는 어느 언어에서도 안
쓰는 구식 용어라고 한다.

스웨덴과 관련한 낱말이 줄줄이 나오는 걸로 보아 표
준국어대사전 편찬자들이 스웨덴을 무척이나 사랑했던
모양이다.

루타바가(rutabaga) 『식물』스웨덴순무.
스웨덴순무(Sweden－－) 『식물』십자화과의
한해살이풀 또는 두해살이풀.

‘스웨덴순무’라는 말을 실어 놓은 것도 모자라 원어인 ‘루타바가’까지 실은 꼼꼼함에 경의를 표하지 않을 수 없다.

스웨덴^자수(Sweden刺繡)『수공』스웨덴, 유고슬라비아 등 유럽 지역에서 발달한 자수. 바탕감의 올을 따라 같은 무늬를 잇따라 수놓으며, 뒷면에는 수실이 적게 나타난다.

스웨덴^릴레이(Sweden relay)『운동』육상에서, 메들리 릴레이의 하나. 1,000미터의 거리를, 4명의 주자가 100미터, 200미터, 300미터, 400미터의 순으로 계주한다. 1910년대에 스웨덴에서 주로 행해졌다.

스웨덴^체조『운동』1810년경 스웨덴에서 시작된 체조. 신체 각부의 균형 잡힌 발육과 각 기능의 완전한 발달을 도모한다. 스웨덴의 체육가 링이 창시한 것이다.

‘독일체조’와 ‘덴마크체조’도 표제어에 있으니 ‘스웨덴체조’라고 올리지 못할 이유가 없긴 하다. 그렇다면 다음과 같은 건 어떨까?

데일리스프레드(daily spread) 1974년에 스웨덴에서 개발한, 빵이나 비스킷에 발라 먹는 낙농 식품. 버터나 마가린에 비하여 지방은 적고 단백질은 많은 식품이다.

이 말 역시 신견식에 따르면 유제품을 뜻하는 'dairy'를 써서 '데어리스프레드'dairy spread라고 해야 한단다. 이 말은 연감 스타일의 일본어 시사용어사전인 『現代用語の基礎知識』1983년 판에 다음과 같이 나온다.

デイリ・スプレッド(daily spread) 酷農王国スウェーデンの中でも最大の乳業会社ミヨルクセントラーレン・アーラ社で研究、開発して、一九七四年に発売をはじめた酪農新製品で、国際酪農連盟によってデイリー・スプレッド(日常的にぬって食べる食品)と名づけられた。
낙농 왕국 스웨덴 최대 유업회사 미엘크센트랄렌 알라에서 연구, 개발해 1974년 발매한 낙농제품, 국제낙농연맹에서 데일리스프레드(일상에서 발라 먹는 식품)라 이름 붙임.

알파벳 r과 l의 발음이 비슷하다 보니 일본 사람들이

'dairy'를 'daily'로 잘못 표기했고, 그걸 표준국어대사전이 틀린 줄도 모르고 그대로 가져왔다.

스웨덴에는 위대한 인물도 많다(자세한 풀이는 생략한다).

노벨(Nobel, Alfred Bernhard) 스웨덴의 공업 기술자·화학자.

스틸레르(Stiller, Mauritz) 스웨덴의 영화감독.

비엘링(Björling, Jussi) 스웨덴의 테너 가수.

북스테후데(Buxtehude, Dietrich) 스웨덴의 작곡가·오르간 연주자.

아르놀드손(Arnoldson, Klas Pontus) 스웨덴의 정치가·평화 운동가.

옹스트룀(Ångström, Anders Jonas) 스웨덴의 물리학자.

오일러켈핀(Euler-Chelpin, Hans Karl August Simon von) 스웨덴의 화학자.

스베덴보리(Swedenborg, Emanuel) 스웨덴의 철학자·과학자·신비주의자.

베르예론(Bergeron, Tor Harold Percival) 스웨덴의 기상학자.

소른(Zorn, Anders Leonard) 스웨덴의 화가·조각가.

티셀리우스(Tiselius, Arne Wilhelm Kaurin) 스웨덴의
생화학자.

라발(Laval, Carl Gustav Patrik de) 스웨덴의 과학자·
공학자·발명가.

굴스트란드(Gullstrand, Allvar) 스웨덴의 안과 의사.

린드블라드(Lindblad, Bertil) 스웨덴의 천문학자.

에크만(Ekman, Vagn Walfrid) 스웨덴의 해양학자.

카셀(Cassel, Karl Gustav) 스웨덴의 경제학자.

노르덴셸드(Nordenskjöld, Nils Adolf Erik) 핀란드
태생의 스웨덴 탐험가·지질학자.

팔메(Palme, Olof) 스웨덴의 정치가·수상.

케이(Key, Ellen Karoline Sofia) 스웨덴의 사상가.

안데르손(Andersson, Johan Gunnar) 스웨덴의
지질학자·고고학자.

뮈르달(Myrdal, Karl Gunnar) 스웨덴의 경제학자·
사회학자.

린네(Linné, Carl von) 스웨덴의 박물학자·식물학자.

칼그렌(Karlgren, Bernhard) 스웨덴의 언어학자.

버그먼(Bergman, Ingrid) 스웨덴 태생의 미국 여배우.

마지막에 나온 잉그리드 버그먼이 이채롭다. 스웨덴에는 문인文人도 많다.

스트린드베리(Strindberg, Johan August)　스웨덴의 극작가·소설가.

프뢰딩(Fröding, Gustaf)　스웨덴의 시인.

칼펠트(Karlfeldt, Erik Axel)　스웨덴의 시인.

욘손(Jonson, Eyvind)　스웨덴의 소설가.

헤이덴스탐(Heidenstam, Carl Gustaf Verner von)　스웨덴의 시인·소설가.

마르틴손(Martinson, Harry Edmund)　스웨덴의 시인·소설가.

라겔뢰프(Lagerlöf, Selma Ottiliana Lovisa)　스웨덴의 여성 소설가.

라게르크비스트(Lagerkvist, Pär Fabian)　스웨덴의 소설가·시인·극작가.

보위에(Boye, Karin Maria)　스웨덴의 소설가.

베리만(Bergman, Hjalmar Fredrik Elgérus)　스웨덴의 소설가.

에켈뢰프(Ekelöf, Gunnar) 스웨덴의 시인.

모베리(Moberg, Vihelm) 스웨덴의 소설가.

벨만(Bellman, Carl Michael) 스웨덴의 시인.

이번에는 스웨덴에 어떤 도시와 지역이 있는지 알아
볼 차례다.

스톡홀름(Stockholm) 스웨덴의 발트해 북부에 있는
항구 도시.

헬싱보리(Hälsingborg) 스웨덴 남쪽에 있는 항구 도시.

예블레(Gävle) 스웨덴 동부, 보트니아만 서남쪽 기슭에
있는 항구 도시.

웁살라(Uppsala) 스웨덴의 스톡홀름 북쪽에 있는 도시.

린셰핑(Linköping) 스웨덴 동남부에 있는 도시.

예테보리(Göteborg) 스웨덴 서남쪽에 있는 상공업 도시.

욀란드섬(Öland—) 스웨덴 동남쪽, 칼마르 해협
건너편에 있는 섬.

에스킬스투나(Eskilstuna) 스웨덴 동남부에 있는 도시.

베네른호(Vänern湖) 스웨덴 남부에 있는 호수

멜라렌호(Mälaren湖) 스웨덴 스톡홀름 서쪽에 있는

호수.

키루나(Kiruna) 스웨덴 북부, 북극권 안에 있는 광업
도시.

키루나바라(Kirunavaara) 스웨덴 북쪽 끝에 있는 광산.

칼마르(Kalmar) 스웨덴 동남부 발트해 기슭에 있는
항만 도시.

고틀란드섬(Gottland—) 스웨덴 동남부, 발트해에 있는
섬.

독자 여러분의 눈을 아프게 해드려 죄송할 따름이다.
앞서 표준국어대사전 편찬자가 스웨덴을 너무 사랑해서
그런 게 아닌가 싶다고 했지만 꼭 그렇지는 않다. 다른 나
라들에 대해서도 정도의 차이만 약간 있을 뿐 온갖 인명과
지명을 끌어모아 표제어로 올려놓았기 때문이다.

마무리

그동안 오류투성이 국어사전을 다루었으니, '오류'라는 낱말을 살펴보면서 끝맺음을 할까 한다.

오류(五柳) 다섯 그루의 버드나무. 중국 진(晉)나라의
도연명이 그의 집에 심어서 가꾼 데서 유래한다.
오류선생(五柳先生) 『인명』 중국 진(晉)나라의 도연명이
그의 집에 버드나무 다섯 그루를 심어 놓고 스스로
이르던 호(號).

'오류선생'은 도연명의 호라고 하니 국어사전에 실을 수도 있겠다. 워낙 많은 사람의 호를 실어 놨으므로. 하지만 단순히 다섯 그루의 버드나무를 뜻하는 '오류'는 어디에 써먹어야 하는지 알 수가 없다. 이 낱말이 다른 어떤 걸 비

유하거나 상징한다면 몰라도 말이다. 그런 것도 없이 도연명이 심었다고 하나의 낱말로 인정한다면 오송五松, 오국五菊, 오죽五竹 같은 것도 얼마든지 낱말이 될 수 있을 텐데, 아쉽게도 그런 낱말은 없다.

오류(五流) 『역사』 일등(一等)에서 오등(五等)까지 나눈 유형(流刑).

처음 풀이를 접했을 때 시험 성적에 따른 분류인 줄 알았다. 그러다 자세히 보니 유형의 한자가 공통의 틀로 묶은 걸 뜻하는 '類型'이 아니라 귀양을 보내는 '流刑'이었다. 오해하기 딱 좋게 풀이를 한 셈인데, 왜 더 쉬운 말로 풀지 못했을까? 고려대 한국어대사전에서는 이렇게 풀어놓았다.

오류(五流) 『역사』 예전에, 죄지은 자를 멀리 귀양 보내는 형벌인 유형(流刑)의 일등(一等)에서 오등(五等)까지의 다섯 등급을 이르던 말.

이와 같은 형벌 제도가 중국에서 비롯된 것이라는 걸 밝혀 주면 더 좋았을 것이다. 하지만 이 정도만 해도 감지

덕지할 일이다.

이제 앞서 말한 '오류투성이 국어사전'이라고 할 때의 '오류'는 어떻게 풀이했는지 보자. 표준국어대사전의 풀이다.

오류(誤謬) 1. 그릇되어 이치에 맞지 않는 일.
≒와류(訛謬)1

2.『논리』사유의 혼란, 감정적인 동기 때문에 논리적 규칙을 소홀히 함으로써 저지르게 되는 바르지 못한 추리.

3.『컴퓨터』연산 처리 장치의 잘못된 동작이나 소프트웨어의 잘못 때문에 생기는, 계산값과 참값과의 오차. '잘못'으로 순화. ≒에러(error)

4.『컴퓨터』=버그(bug, 컴퓨터 프로그램이나 시스템의 착오).

세세하게 잘 풀어서 올려놓았다. 하지만 국어사전에 담긴 수많은 오류에 대해서는 어떻게 생각할까? 편찬 과정에서 생긴 시행착오였으니 너그러이 이해해 달라고 할까? 끝으로 '시행착오'라는 말을 찾아가 보자.

시행착오(試行錯誤) 『교육』 손다이크가 발견한 학습 원리의 하나. 학습자가 목표에 도달하는 확실한 방법을 모르는 채 본능, 습관 따위에 의하여 시행과 착오를 되풀이하다가 우연히 성공한 동작을 계속함으로써 점차 시간을 절약하여 목표에 도달할 수 있게 된다는 원리이다. ≒시오법

오류투성이 국어사전은 과연 '우연히 성공한 동작을 계속함으로써' 훌륭한 국어사전이라는 목표에 도달할 수 있을까? 판단은 독자 여러분에게 맡긴다.

국어사전 혼내는 책
: 우리말의 집을 튼튼하게 짓기 위하여

2019년 3월 24일 초판 1쇄 발행

지은이
박일환

펴낸이	**펴낸곳**	**등록**	
조성웅	도서출판 유유	제406 - 2010 - 000032호(2010년 4월 2일)	

주소
경기도 파주시 책향기로 337, 301 - 704 (우편번호 10884)

전화	**팩스**	**홈페이지**	**전자우편**
031 - 957 - 6869	0303 - 3444 - 4645	uupress.co.kr	uupress@gmail.com

	페이스북	**트위터**	**인스타그램**
	www.facebook .com/uupress	www.twitter .com/uu_press	www.instagram .com/uupress

편집	**디자인**		
류현영	이기준		

제작	**인쇄**	**제책**	**물류**
제이오	(주)민언프린텍	책공감	책과일터

ISBN 979 - 11 - 89683 - 07 - 8 03710

이 도서의 국립중앙도서관 출판예정도서목록(CIP)은 서지정보유통지원시스템
홈페이지(seoji.nl.go.kr)와 국가자료공동목록시스템(www.nl.go.kr/kolisnet)에서
이용하실 수 있습니다.(CIP제어번호: CIP2019010935)

유유 출간 도서

우리말 공부 시리즈

번역자를 위한 우리말 공부
한국어를 잘 이해하고 제대로 표현하는 법
이강룡 지음

외국어 실력을 키우는 번역 교재가
아니라 좋은 글을 판별하고 훌륭한
한국어 표현을 구사하는 태도를
길러 주는 문장 교재. 기술 문서만
다루다 보니 한국어 어휘 선택이나
문장 감각이 무뎌진 것 같다고 느끼는
현직 번역자, 외국어 구사 능력에
비해 한국어 표현력이 부족하다
여기는 통역사, 이제 막 번역이라는
세계에 발을 디딘 초보 번역자 그리고
수많은 번역서를 검토하고 원고의
질을 판단해야 하는 외서 편집자가
이 책의 독자다.

동사의 맛
교정의 숙수가 알뜰살뜰 차려 낸 우리말 움직씨 밥상
김정선 지음

20년 넘도록 문장을 만져 온 전문
교정자의 우리말 동사 설명서.
헷갈리는 동사를 짝지어 고운 말과
깊은 사고로 풀어내고 거기에
다시 이야기를 더해 재미있게
읽을 수 있도록 했다. 일반 독자라면
책 속 이야기를 통해 즐겁게 동사를
익힐 수 있을 것이고, 우리말을
다루는 사람이라면 사전처럼
요긴하게 쓸 수 있을 것이다.

내 문장이 그렇게 이상한가요?
내가 쓴 글, 내가 다듬는 법
김정선 지음

어색한 문장을 살짝만 다듬어도 글이
훨씬 보기 좋고 우리말다운 문장이
되는 비결이 있다. 20년 넘도록 단행본
교정 교열 작업을 해 온 저자 김정선이
그 비결을 공개한다. 저자는 자신이
오래도록 작업해 온 숱한 원고들에서
공통으로 발견되는 어색한 문장의
전형을 추려서 뽑고, 문장을 이상하게
만드는 요소들을 간추린 후 어떻게
문장을 다듬어야 유려한 문장이 되는지
요령 있게 정리해 냈다.

후 불어 꿀떡 먹고 껙!

처음 맛보는 의성의태어 · 이야기

장세이 지음

한국어 품사 교양서 시리즈 2권.
의성의태어를 좀 더 깊이 들여다볼 수
있도록, 상황에 따라 나누고 뜻에
따라 갈래지은 책이다. 저자는
우리가 일상에서 생활하면서
느끼는 것들을 표현한 다종다양한
의성의태어를 새롭고 발랄한 언어
감각으로 선보인다. 생동감 넘치는
의성의태어 설명과 더불어 재미난
이야기를 통해 실제 용례를 확인할 수
있다. 의성의태어 활용 사전으로도
유익하다.

만화 동사의 맛

이야기그림으로 배우고 익히는

우리말 움직씨

김영화 지음, 김정선 원작

교정의 숙수가 알뜰살뜰 차려 낸
우리말 움직씨 밥상 『동사의 맛』이
만화로 재탄생했다. 헷갈리는
동사와 각 동사의 뜻풀이, 활용법
그리고 이야기로 짠 예문으로
구성된 원작을 만화라는 형식으로
가져오면서 남자와 여자의 이야기,
동사의 활용법을 네모난 칸과
말풍선 안에 펼쳐 보였다. 이 책은
그림 사전의 역할도 한다. 동사의
뜻풀이에 그림이 곁들여지면 좀
더 확실하게 개념이 파악되고
생생하게 기억에 남는다. 그림과
이야기를 따라 책장을 술술 넘기다
보면 다양한 동사의 기본과 활용
지식이 머릿속에 차곡차곡 쌓이게
될 것이다.